KB177805

**공무원보다 직업군인이 좋은
33가지 이유**

다시 태어나도 직업군인이 되고 싶게 만드는
33가지 매력과 복지 혜택들

공무원보다 직업군인이 좋은 33가지 이유

김동석 지음

다연
DAYEONBOOK

추천사

인공지능이라는 낯선 단어가 사람들에게 회자되면서 세상이 점점 더 빠르게 변화하고 있다. 여기에 4차 산업혁명이라는 또 다른 이슈가 우리를 미래 앞에서 한 번 더 깊은 고민을 하게 만든다.

많은 청년이 기초과학, 물리학, 생명공학 등 어렵고 힘든 분야를 외면한 채, 안전한 직장을 찾아서 대학 입학과 동시에 공무원시험을 준비하고 있다. 이런 현실을 마주하자면 한평생 군복을 입고 대한민국을 위해 살아온 사람으로서 한없이 안타까울 따름이다.

실제로 어쩌다 노량진을 지나칠 때마다 나는 학원가를 가득 메운 청년들이 눈에 밟힌다. 한 사람의 인생 선배로서 그들이 하루 빨리 원하는 대로 공무원시험에 합격하여 공무원이 되기를 기원하는 바다. 하지만 실상은 그리 녹록지 않으니, 소위 공시족의 수는 좀처럼 줄지 않고 있다. 이러한 문제 앞에서 나는 자연히 '그들이 만약 직업 군인이 된다면 어떻게 될까?' 하는 생각을 종종 한다.

그런 와중에 33년의 군 경험을 바탕으로 직업군인의 세계를 상세히 알려주는 책이 나온다고 하니, 반가운 마음 금할 길 없다. 너나없이 직업의 안정성을 좇아 공무원에 목매는 이 시절에, 나는 단언한다. 4차 산업혁명의 거센 파고를 넘는 안정적인 직업은 바로 직업군인이라고. 국가는 강력한 국방을 바탕으로 존재한다. 그 국방력의 원천은 직업군인이다. 즉, 국가가 있는 한 직업군인이라는 직업은 영원할 수밖에 없다.

현재 우리 군은 첨단 과학화로 확연히 거듭나고 있다. 재래식 전투 환경은 이미 옛날 이야기다. 그런 만큼 보이지 않는 곳에서 공격과 방어 임무를 수행해야 한다. 이를 가능케 하는 장비들을 운영, 관리하고 책임질 핵심 인력이 바로 부사관이다. 부사관들은 자신이 맡은 특기의 최고 전문가 집단으로, 향후 그 수요가 점점 더 늘 수밖에 없다.

이 책으로 말미암아 우리 군에 우수한 인적자원들이 더 많이 모여들기를 기대한다. 군대는 실로 매력적인 직업의 장이다. 군대는 끊임없이 자기계발을 하도록 동기를 부여해준다. 반복적인, 그러나 창조적인 임무 수행을 통해 맡은 분야에서 최고의 전문가로 만들어준다. 부사관은 그렇게 우리 군의 중추적 인재로 성장하여 강력한 국방의 한 축을 담당한다.

진정으로 직업군인이 되길 원한다면, 후회 없는 군생활을 하길 원한다면, 이 책을 열정적으로 통독하길 바란다. 30년 남짓의 군생활을 성공적으로 이룩해내기 위해서는 자신이 어떤 사람인지, 무엇을 좋아하는지, 어떤 분야에 특장(特長)이 있는지 반드시 알아야 할 것이다. 군인으로서의 투철한 사명감이 있어야 함은 물론이다. 더욱이 취업난이 심각한 오늘날, 이 책이 부디 멋있는 직업군인으로 나아가는 이정표가 되길 바라 마지않는다.

2017년 8월

전 특수전사령부 사령관(중장)

전 제30야전군 군사령관(육군대장 육사 29기)

백군기

육군부사관학교장으로 근무하던 시절이 떠오른다. 부사관은 군의 전투력 발휘에서 중추적인 역할을 한다. 미래를 향한 도전의식이 충만한 젊은이라면 전투 전문가로서, 기술 및 행정 전문가로서 부사관에 도전하길 바란다. 이 책이 그 길을 밝혀주는 좋은 안내서가 될 것이다.

_신만택(국방전직교육원 원장, 전 육군부사관학교장, 예비역 소장, 육사 38기)

취업난이 극에 치달은 오늘날, 그럼에도 많은 청년이 매력적인 직업으로서의 직업군인을 정보 부족으로 간과하고 있다. 직업군인은 대한민국 존립을 가능케 하는 군의 핵심 인적자원으로, 정부에서도 많은 지원을 아끼지 않고 있다. 이 책은 직업군인에 대한 선입견을 불식시키며 4차 산업혁명 시대의 새로운 관점으로 직업군인의 모든 것을 소개하고 있다. 진로 및 취업 문제로 고민 중인 청년들에게 일독을 권한다.

_송수용(《들이대 DID-세상을 이기는 힘》 저자, 육사 47기)

부사관, 준사관을 꿈꾸는 청년들에게 이 책은 명쾌한 지침서가 될 것이다. 저자는 33년간의 군 경험을 바탕으로, 직업군인이 되려면 무엇을 준비해야 하는지를 33장에 걸쳐 일목요연하게 풀어냈다. 모쪼록 이 책을 통해 대한민국 선진 강군에 없어서는 안 될 유능한 부사관, 준사관으로 나아가는 길을 찾길 바란다.

_강병학(스카우트 강원지사장, 육군 준사관)

직업군인의 증원은 문재인 정부의 대선 공약이다. 하지만 제대로 된 준비 없이 뛰어드는 군생활은 또 다른 '헬조선'이 될 뿐이다. 청년을 위한 대안대학 신촌대학교에서 만난 저자는 직업군인이기에 앞서 청년을 사랑하는 참된 기성세대이자 인생 선배이다. 그의 책이 직업군인을 꿈꾸는 청년들에게 새로운 나침반이 될 것이다.

_윤범기(MBN 기자, 신촌대학교 운영위원장)

Introduction

이른 아침, 노량진의 공무원 학원가는 초만원이다. 공무원시험을 준비하는 사람들, 이른바 공시족! 그 수가 줄어들기는커녕 점점 더 늘어가는 추세다.

고등학생처럼 앳돼 보이는 새내기 공시생부터 수차례 낙방의 고배를 마신 장수(?) 고시생까지, 날마다 학원 강의실로 발길을 재촉하는 그들을 보면서 나는 이러한 상황에서 벗어날 대안을 궁리하지 않을 수 없었다.

대한민국의 미래를 책임질 청년들이 언제부터 너나없이 일반직 공무원으로 대변되는 그 신분에 목매게 된 것일까? 지나치게 쏠린 직업 시류에서 벗어나, 좀 더 창의적이고 미래지향적인 일자리에 도전하면 안 되는 것일까? 이 모든 사태가 아무래도 기성세대의 잘못이지 싶다.

치열한 경쟁에서 밀려 몇 년씩 노량진을 유령처럼 떠도는 청년 공시족의 비현실적인 실상이라니……. 현실적인 타계(他計)가 절실한 시점이 아닐 수 없다.

문득 나의 지난날이 아련하게 떠오른다. 1983년 12월 6일, 나는 용산역에서 부산행 야간열차에 몸을 실었다. 부모님, 형님, 누님들 아무도 모르게 홀로 가방 하나 둘러매고 떠났던 직업군인의 길을 나는 지금까지 33년간 걸어왔다. 물론 그 길에 접어들기까지 적잖이 방황했다. 그 시절의 나처럼 가난한 집안의 학생들이 진로를 정하지 못한 채 헤매지 않기를 나는 간절히 바란다. 이것이 이 책의 집필 동기다. 그동안 내가 군에서 받은 혜택, 아니 국가로부터 받은 혜택을 조금이나마 사회에 환원하는 길로써, 이제 나는 새로운 방안 하나를 제안하려고 한다.

대한민국은 마음만 먹으면 무엇이든 할 수 있는 사회 시스템이 구축된 나라다. 그 체제 아래, 공무원의 종류는 생각보다 많다. 그중 특정직 공무원이라고 할 수 있는 것이 군인, 경찰, 소방관 등이다. 특정직 공무원은 일반직 공무원보다도 훨씬 더 높은 책임감을 요구한다. 막연히 공무원 신분을 정년까지 보장받으며 안정적으로 일하는 것을 뛰어넘어, 위기 순간에 자기 목숨을 내놓을 정도의 투철한 사명감을 가지고 있어야 하는 것이다. 그 정도의 사명감을 함양하고 있다면, 나는 현실적 대안으로써 가장 경쟁력이 낮은 특정직 공무원인 직업군인(부사관)에 도전하라 말하고 싶다.

잠깐 나의 지난날을 좀 더 꺼내볼까 한다.

1983년 인문계 고등학교를 졸업하고 상경한 내가 할 수 있는 일이란 정말 공사판 막노동밖에 없었다. 지금처럼 편의점, 커피숍도 없던 시절이었으므로 요즘의 아르바이트라는 것은 꿈도 꿀 수 없었다.

그처럼 앞이 보이지 않던 당시 나는 직업군인의 길을 택했다. 물론 그때 내가 33년간 군에 몸담게 될 줄은 상상도 못했다. 그저 군복무를 하면서 월급받을 수 있다는 말만 믿고 해군 부사관에 응시했을 뿐이다.

나는 태어나 단 한 번도 가본 적 없는 낯선 길, 경상남도 진해 해군훈련소를 어렵게 찾아갔다. 해군이 배를 타야 한다는 사실도 모른 채 말이다.

그렇게 시작한 직업군인의 길, 33년을 뒤돌아보니 참으로 감사한 일투성이다. 남들이 부모님의 지원으로 대학 공부를 할 때, 나는 군 생활을 했다. 가끔 휴가를 나와서 만나는 동창들의 대학생활이 마냥 부러웠던 순간도 있었다.

나는 그들보다 10년 늦은 나이에 군에서 보내주는 대학을 다녔다. 비록 야간 전문대학이었지만 너무나 하고 싶던 공부였으므로 기꺼이 고단한 학습 과정을 감내했다. 그 덕분에 미국 유학도 다녀오고, 대학원까지 진학할 수 있었다.

돌이켜보니 난 특정직 공무원인 직업군인이 되어서 너무나 많은 혜택을 받았다. 부모님의 도움 없이 내 힘으로 결혼했고, 군장학생으로서 대학원까지 졸업했으니 이보다 더 큰 혜택이 어디 있을까?

대학 학자금 때문에 청년 신용 불량자가 속출하는 이 시대에서 나는 직업은 물론 대학, 유학, 대학원 문제까지 모두 군의 지원으로 해결할 수 있었다.

대기업에서 퇴직한 친구들은 노후를 걱정하는 반면, 군에서 정년 퇴직을 하는 나는 노후 걱정을 전혀 안 한다. 평생 나오는 군인연금 덕분이다.

포기하지 않는 정신을 앞세워 경쟁률 높은 일반직 공무원만 고집하는 게 능사는 아니다. 나는 일반직 공무원보다 훨씬 다양한 혜택을 제공하고, 무엇보다 상대적으로 경쟁률이 낮은 직업군인에 도전할 것을 강력 추천한다.

이는 내가 33년간 근무해본 결과, 일반직 공무원보다 직업군인이 더 낫다는 산 경험을 바탕으로 하는 추천이다. 지금부터 이 책의 마지막 장까지 함께하며 특정직 공무원, 그중에서도 직업군인을 천직으로 면밀히 고려해보자. 오늘도 막막하게 노량진 학원가를 배회하는 취업 준비생들에게 이 책이 새로운 희망이 되길 간절히 소망한다.

2017년
대한민국 제1호 직업군인 컨설턴트
김동석

Chapter 1

4차 산업혁명 시대에 걸맞은
미래형 직업, 직업군인

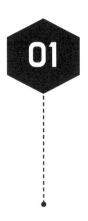

집 걱정 없는 직업군인의 매력

2017년을 대표하는 키워드에 9포세대가 작년에 이어 또다시 등장했다. 3포세대가 포기한 연애·결혼·출산에 더하여 내 집 마련·인간관계·꿈을 포기한 6포세대, 그리고 여기에 세 술 더 떠 희망·건강·외모마저 포기한 9포세대…….

어쩌다 이런 신조어가 생겨났을까? 이는 현재 대한민국 청년들의 힘겨운 처지를 고스란히 드러내는 자학적 푸념이다. 청년들은 절규한다.

"나도 연애하고 싶다! 결혼하고 싶다! 하지만 현실은 그게 안 돼!"

정규직은 비현실의 꿈인 것 같고, 그러니 안정적인 직장도 없는 처지에 연애는 물론 결혼은 언감생심이라는 것이다.

16

많은 이가 드라마 속 주인공 같은 삶을 꿈꾼다. 하지만 현실은 어떤가. 우리 청년들은 오늘도 좌절하면서 그 쓰라린 가슴 쓰디쓴 소주로 달랜다. 다행히 정규직으로 취업했더라도 그 월급으로는 대학교 학자금 상환조차 빠듯하다. 그러니 애인이 있어도 쉽게 결혼 이야기를 꺼낼 수 없는 게 흔하디흔한 현실이다.

2016년 말 현재 서울 아파트 평균 전셋값이 4억2,051만 원이다. 매매가 대비 73% 수준이라는 KB국민은행 발표에 청년들은 또 한 번 좌절한다.

언제 돈을 모아서, 학자금 대출을 갚고 전세금을 모아서 당당히 애인에게 멋진 프러포즈를 할 수 있을지 아득하기만 하다. 그러니 그냥 9포세대임을 자처하고 마는 것이다.

따져보니 나도 지금 같은 현실이라면 당연히 그랬을 것 같다. 나의 경우, 중사 시절 박봉으로 결혼하면서 서울에 겨우 방 한 칸짜리 전세방을 얻어 신혼생활을 시작했다. 집주인은 1년마다 전세금을 올려달라고 했다. 그래서 한 번은 대출을 받아 올려주었지만, 그다음 해에는 도저히 감당할 수가 없었다.

당시 나는 왠지 관사에 살고 싶은 마음이 없었다. 알량한 자존심 때문이었는지도 모르겠다. 하지만 그 마음도 현실 앞에서는 그리 오래가지 못했다. 결국 나는 부대의 관사 담당자를 찾아가 사정 이야기를 하고 관사 배정을 신청했다.

얼마 뒤, 관사 담당자는 내게 13평 연탄보일러 아파트를 배정해주었다. 나는 두 번 생각할 것도 없이 바로 이사했다. 비록 13평짜리

였지만, 그래도 방이 두 칸이나 있어서 먼저 살던 좁은 집에 비하면 대궐이었다.

지금 대부분의 관사는 평균 24평, 31평이다. 당시와는 비교가 안 될 정도로 쾌적할뿐더러 위치 또한 좋은 곳에 있다.

일단 직업군인들은 결혼하면서 대부분 주택 걱정은 하지 않아도 된다. 혼인신고를 하고 관사 신청을 하면 대개 약 6개월 뒤 아파트를 배정받을 수 있다. 이렇다 보니 직업군인 대부분은 관사 신청 문제로 결혼식 전에 양가 부모님들의 양해를 구하고 혼인신고를 먼저 한다. 그러면 어떠랴, 신혼집 걱정 없이 관사를 배정받을 수 있으니 말이다. 전세 살면서 2년마다 전세금 올려주고 눈치 보지 않아도 되니, 사실 양해를 구할 것도 없지 싶다. 직업군인을 아들로 둔 부모 입장에서도 관사를 제공받는 것이 얼마나 큰 혜택인지 대부분 아들 장가를 보내면서 절감한다.

지금은 수도권이 아닌 지역도 전세금을 마련하기가 결코 쉽지 않다. 9포세대에 내 집 마련이 들어간 것은 그만큼 전세금 마련이 어렵다는 증거다. 이런 실정에서 직업군인들에게 군 관사를 제공하는 복지 혜택은 큰 장점이 아닐 수 없다.

대전에 근무할 때 함께하던 후배들이 종종 일반직 공무원으로 신분 전환을 하는 경우가 있었다. 당시는 해군중앙전산소에 근무하던 시절이라, 공무원이 거의 절반 정도 되다 보니 현역들을 공무원으로 특채하는 경우가 더러 있었던 것이다. 그런데 신분 전환을 한 이들이 가장 힘들어하는 부분이 바로 전세금 마련이었다. 그들은 하나같이 말했다.

"군인으로 있을 때는 관사의 소중함을 몰랐습니다."

과거에는 군인들 관사가 너무 외진 곳에 있거나 혹은 물량이 부족해서 오랫동안 기다리기 일쑤였다. 하지만 몇 년 전부터 제도가 개선되어 관사가 부족한 곳에는 지역별로 전세금을 차등해서 지원해준다. 한마디로, 이제 직업군인에게 전세금 마련 문제는 걱정할 일도 아니다.

급지별 전세 자금 지원액

구분	1급지 (수도권)	2급지 (광역시)	3급지 (수도권 시급도시)	4급지 (수도권 이외)	5급지 (기타 지역)
대부 상한액 (단위 : 만 원)	27,000	18,000	11,000	9,000	7,000

서울시의 경우 최대 2억7천만 원까지 무이자로 전세 자금을 지원해준다. 자신의 돈을 조금만 보태면 얼마든지 전세를 구할 수가 있다. 나도 전세 자금을 지원받아 서울 대림동에서 3억 원짜리 전세를 살았다.

내 집 마련은 누구에게나 꿈이다. 전셋집에 살면서 계속 이사를 다녀본 이들은 그 서러움과 피곤함을 충분히 알 것이다. 우리 부모님 세대는 대부분 내 집 마련이 평생의 소원이었다. 이는 시대가 바뀐 지금도 별반 다르지 않다.

현재 군인들은 다양하게 내 집 마련의 길을 제공받고 있다. 일단은 군인공제회에서 건설하는 주택에 우선 청약을 할 수 있고, 민간 아파트에도 군인특별분양 물량을 배정받을 수 있다. 2017년 서청 주파크자이 군인 특별공급 안내서에는 그 자격이 다음과 같이 명시 되어 있다.

'10년 이상 장기복무한 군인 중 모집 공고일 현재 무주택세대구 성원으로서 주택공사 등으로부터 특별 공급되는 주택을 신청하여 당첨된 사실이 없는 자.'

직업군인들은 가장 큰 혜택인 관사를 잘 이용하면 의외로 내 집 마련이 쉽다. 군인의 관사 신청 자격은 본인 근무지 소재지에 본인 (가족) 명의로 된 집이 없으면 가능하다. 그래서 서울에 근무하던 군 인들이 지방으로 내려갈 때 서울에 전세를 끼고 아파트를 구입한다. 그 이유는 보통 매매가 대비 전세 비율이 70% 되니까 내 돈 30%만 들여 서울에 아파트를 사놓고 지방으로 내려가서 가족들은 해당 부 대 관사에 거주하면 되기 때문이다.

직업군인들에게 관사 입주는 내 집 마련을 돕는 가장 좋은 복지 혜택이다. 그래서 직업군인들은 대부분 20대 때 결혼한다. 신혼집 에 대한 부담이 없어서이다. 그렇게 일찍 결혼해서 맞벌이를 하면 훨씬 빨리 독립 자금을 마련할 수 있다. 이는 그야말로 직업군인의 큰 장점이다.

한때 사람들에게 회자된 광고 카피가 생각난다.

'순간의 선택이 10년을 좌우한다.'

나는 지금 오늘의 선택이 10년이 아닌, 30년을 좌우한다고 생각한다. 다른 어떤 혜택보다 매력적인 직업군인의 1순위 혜택은 바로 관사 제공이다.

가끔 이렇게 질문하는 사람들이 있다.

"그럼 결혼한 모든 직업군인은 관사를 제공받나요?"

정답은 '그렇다'이다. 관사가 부족한 곳은 앞서 언급했듯 전세 자금을 무이자로 지원한다. 내가 생각하는 관사의 매력은 크게 세 가지다.

첫째, 결혼 시 신혼집 문제 해결

둘째, 적은 돈으로 타 지역에 재테크 개념의 주택 구입 기회 제공

셋째, 군인공제회 등 군인특별분양 기회로 내 집 마련 기회 제공

이런 이유로 군에서 정년퇴직하는 군인 대부분이 전역 전 내 집 마련에 성공한다. 부디 지금 취업 시장에서 힘들어하는 청년들이 직업군인의 큰 혜택인 관사 제공의 세 가지 매력을 인지하고 도전해보길 바란다.

Question Thinking ────────────────────────────

1. 신혼집을 어떻게 마련할 것인가?
2. 직업군인의 관사 제공은 정말 최고의 혜택일까?

준직업군인, 군장학생

2007년 어느 날, 퇴근하고 집에 돌아오니 당시 중학교 3학년생인 아들이 말했다.

"아버지, 할 말이 있어요!"

순간 나는 가슴이 살짝 내려앉았다.

'뭘 사고를 쳤나? 이렇게 자발적으로 나하고 이야기하자는 녀석이 아닌데…… 그래, 일단 무슨 소리를 하는지 한번 들어나 보자.'

"저, 고등학교에 안 가겠습니다."

"뭐? 고등학교를 안 가겠다고? 그래, 이유가 뭐야?"

"대한민국 사대의무는 국방, 교육, 납세, 근로의 의무인데 교육의 의무는 중학교 졸업까지죠. 고등학교, 대학교를 가는 건 취업해서 돈을 벌기 위한 것 아닙니까? 그래서 저는 이미 충분히 돈을 벌 수 있는 상태이기 때문에 고등학교를 가지 않겠습니다."

사실 들어보면 논리적으로 하나도 틀린 말이 아니었다. 지금 같으면 충분히 아들 말에 공감하고 그렇게 하라고 했을 것이다. 하지만 당시 내게는 세상을 크게 바라보는 눈이 없었다. 중학교 졸업하면 당연히 고등학교를 가야 한다고 누가 정해놓은 것도 아닌데 말이다.

"네가 무엇을 해서 돈을 벌 건데?"

"저는 이미 인터넷으로 유명한 작가가 됐고 많은 팬을 확보하고 있기 때문에 충분히 이 길로 먹고살 수 있습니다."

당시 아들은 유행하던 게임 관련 판타지소설을 쓰고 있었다. 그런데 제법 자기가 쓴 글을 좋다고 추종하는 사람들이 많았던 모양이다. 나는 아들과 싸움을 할 수 없어서 이렇게 말하고 물러섰다.

"아버지가 언제 너한테 돈 벌라고 했냐? 그리고 작가로 성공한다는 게 얼마나 어려운지 알아보고 그런 소리를 하는 거냐? 일단 알았으니 좀 더 생각해보자."

그날 이후 나와 아들은 서로 얼굴을 보며 대화하기보다는 이메일로 자기주장을 펼쳤다. 솔직히 말해, 얼굴 보고 대화하면 감정적으로 대할 것 같아 난 자신이 없었다. 그렇게 저녁마다 A4 용지 몇 장 분량으로 저마다 고집을 부렸다. '고등학교, 대학에 진학해서 국문학을 전공하고 작가의 길을 가야만 한다. 그래야 제대로 작가로서 성공할 수 있다'는 내 논리와 '그냥 판타지소설 작가가 되겠다'는 아들의 논리가 첨예하게 부딪쳤다. 그렇게 한 달쯤 지난 어느 날, 아들이 말했다.

"아버지, 얼굴 보고 이야기하죠."

그렇게 부자의 싸움은 아들이 고등학교에 진학하는 것으로 끝났다.

나보다 아들은 글재주가 뛰어났다. 언젠가 어버이날 방송국에서 꽃바구니와 와인이 배달되어 왔는데, 아들이 어버이날 사연을 보내 선정된 것이었다. 인문계 고등학교를 진학한 아들과 대학에 관하여 이야기를 나누었다. 고1 때 진로를 명확히 해두고 싶어서 충분히 이야기를 나누었다. 미래에 작가를 꿈꾸는 데 도움이 될 만한 방향으로 선택한 것이다.

지금은 없어졌는데 당시 한 전문대학에 국내 유일의 헬기정비학과가 있었다. 가끔 뉴스에 보도도 되다 보니 지방 전문대학임에도 수도권 학생들이 많았다.

아들도 일단 현실적인 길을 선택했다. 작가는 일을 하면서 야간에 글을 쓸 수도 있는 미래지향적 관점으로 헬기정비학과를 선택했다. 무엇보다도 장거리 비행 때는 대형 헬기에 정비사가 탑승을 한다. 또한 좀 더 다양한 경험을 쌓는 것이 미래 작가가 되는 데 도움이 될 것 같았다.

대부분 인문계 고등학교 1학년 때 학교에서 학부모 초청 행사를 하고, 담임 선생님과 만남의 시간을 갖는다. 아들 교실에 학부모들이 모였고, 담임 선생님은 한 명씩 나와서 자녀들이 희망하는 대학을 한번 보라고 했다. 내 차례에 나갔더니, 담임 선생님이 이렇게 말씀하셨다.

"다른 아이들에 비해서 대성이는 참 꿈이 소박하네요. 다른 아이들은 모두 수도권 대학을 적었는데 대성이는 특이하게 전문대학을 적었더라고요."

나는 웃으면서 말했다.

"선생님, 선생님이 보시기에 수도권 대학에 이 반에서 과연 몇 명이나 진학할 것이라 생각하시나요? 우리 아들은 비록 전문대학이지만 이미 헬기정비학과까지 명시했어요. 자신을 알고 자신이 원하는 대학, 학과를 선택한 거죠. 선생님이 보시기에는 전문대학을 목표로 삼은 것이 소박할지 모르지만, 저는 그렇게 생각하지 않습니다. 선생님의 사명은 학생들을 원하는 곳에 가게 해야지, 허황된 꿈을 꾸게 하는 것이 아니라 생각합니다. 선생님이 만약 이 학교에 삼 년을 계시면 우리 아들이 어떤 대학을 가는지 꼭 지켜보세요. 우리 아들은 지금 정한 그 대학에 갈 겁니다."

당황한 선생님은 급하게 그런 뜻이 아니라며 사과했다.

이후 내 아들은 목표했던 대로 창신전문대학 헬기정비학과에 진학했다. 그 학과는 육군에서 제휴한 대학이었는데, 아들은 1학년 때 군장학생으로 선발되었다.

이쯤에서 군장학생에 대해 살펴보고자 한다. 지금 취업난이 심각한 사회 문제로 대두되고 있는 가운데 직업군인 인기가 상대적으로 높아지고 있다. 그러다 보니 전국의 많은 전문대학에 군사학과들이 생겨나고 있다. 관심 있다면 2017년도 육군 홈페이지(www.army.

mil.kr)에 게시된 전문대 군장학생 모집 공고를 참조하기 바란다. 전국 전문대학별 부사관 학과, 그리고 육군과 협약한 특기 분야가 명시되어 있으니 궁금한 사항들을 반드시 확인하고 응시하자. 참고로, 육군의 경우 2017년 전문대 군장학생 지원 자격은 다음과 같다.

지원 자격
연령 : 임관일('18. 6. 1) 기준 만 18세 이상 – 만 27세 이하 ※예비역은 복무 기간 고려 연령 연장 : 1년 미만 만 28세, 2년 미만 만 29세, 2년 이상 만 30세
의무 복무 : 임관 후 4년 + 장학금 수혜 기간(1년)
모집 인원 : 000명(13개 병과, 39개 특기)

현재 대학 재학생 중 공무원시험을 준비하는 이가 상당수 있을 것이다. 9급과 7급을 동시에 준비하는 학생들도 있을 텐데, 비싼 대학교 등록금을 생각하면 부모 입장에서는 참 마음이 아프다. 더욱이 학자금 대출을 받은 상태로 공무원시험 준비를 한다면 꼭 대학을 다녀야 할 필요가 있는지 모르겠다.

만약 공무원 대신 부사관으로서 직업군인을 선택한다면 바로 군장학생에 응시하기 바란다. 각 군 홈페이지를 방문하면 자세한 정보를 얻을 수 있다. 더 궁금한 사항들은 담당자에게 전화하면 상세한 정보를 제공받을 수 있다. 군장학생으로 선발되면, 부사관 의무복무 4년에 장학금 수혜 기간을 더한 만큼이 의무복무 기간이 된다. 예컨

아들 육군 부사관 임관식

대 2년제 전문대학에 군장학생으로 1년간 학자금을 지원받으면, 졸업과 동시에 부사관으로 입대해서 의무복무 4년, 장학금 수혜 기간 1년, 이렇게 5년이 의무복무 기간으로 인정된다.

중요한 것은 한 번에 군복무, 학자금, 직장 문제까지 동시에 해결이 가능하다는 점이다. 더욱이 장기복무자 선발이 되면 그야말로 안정적인 특정직 공무원 신분으로 55세 정년을 보장받는다. 학자금 대부를 받아서 대학생활도 제대로 즐기지 못한 채 공무원시험 준비를 할 것인지, 아니면 군장학생이 되어 학자금을 지원받아 가면서 대학생활을 즐기고 직업군인이 될 것인지 잘 생각해보기 바란다.

오늘도 취업 준비로 고생하는 청년들을 보면서 군장학생이 되어 현재 직업군인의 길을 걷고 있는 아들이 나는 자랑스럽다. 세상은 도전하는 자의 몫이다. 남에게 끌려가지 말고 자신의 명확한 목표를 정하고 행동하라. 황금 같은 20대 시절을 어떻게 보내는가에 따라 인생이 크게 달라진다. '어떤 일을 하는가?'보다 '어떤 목표를 가지고 있는가?'가 더 중요하다. 일찍 자신의 진로를 결정한 내 아들처럼 말이다.

Question Thinking

1. 나는 왜 대학을 다니는가?
2. 대학 학자금 대출과 군장학생 지원 중 무엇을 선택할 것인가?

4차 산업혁명 시대의 미래형 직업은
직업군인이다

클라우스 슈밥이 2016년 다보스 세계경제포럼에서 '4차 산업혁명'이라는 단어를 사용할 만큼 세상은 급변하고 있다. 지난해, 이러한 분위기를 반영하듯 사람들은 농담처럼 말하곤 했다. 2016년 서울에 신흥 명문고 두 개가 탄생했는데 바로 '알파고, 포켓몬고'라고…….

그럼 4차 산업혁명의 밀려오는 파도를 보면서 나는 무엇을 준비해야 할까? 이미 서울의 신분당선을 운행하는 열차에는 기관사가 없다. 무인 자율주행으로 운행 중에 있지만 아무런 문제도 없고, 승객들은 무인으로 움직인다는 사실을 인지하지도 못한다. 아울러 현존하는 직업의 절반 이상이 사라진다는 충격적인 이야기를 많이 들게 된다.

이른바 4차 산업혁명이란 기업들이 제조업과 정보통신기술(ICT)을 융합해 작업 경쟁력을 제고하는 차세대 산업혁명을 말한다. 흔히 '인더스트리(Industry) 4.0'이라 표현되는데, 우리나라에서 추진하는 '제조업 혁신 3.0전략'과 일맥상통한다.

인공지능과 로봇의 시대에 사람들만이 할 수 있는 고유한 일은 무엇일까? 지금 화이트칼라들이 하는 일 상당수가 향후 로봇, 인공지능의 몫이 될 것이다. 복잡한 계산과 통계는 더 이상 인공지능과 경쟁이 안 된다. 외과 의사가 하는 수술을 로봇이 대신한다면 당신은 과연 누구에게 수술을 맡길 것인가? 사람이 작성한 분석보고서와 인공지능이 분석한 보고서를 놓고 당신이 CEO라면 누구의 보고서를 신뢰할 것인가? 바짝 다가온 미래를 보면서 내 직업에 대한 정의를 다시 한 번 규정할 때다.

MU교육컨설팅의 조연심 대표님 강의를 들을 때 내 가슴을 때린 한마디가 있다.

"당신은 대체 불가능한 강사인가?"

지금 이 책을 읽고 있는 독자 여러분도 이런 맥락의 질문을 던져보기 바란다.

"나는 대체 불가능한 사람인가?"

어떤가? 갑자기 이 책을 던져버리고 싶지 않은가? 나 역시 충격이었다. 이 책을 집필하는 데, 이 질문이 상당 부분 원동력이 되었음을 고백한다.

자, 그렇다면 군대는 여기에서 자유로운 직업일까? 아니다. 과거 내가 전산실에 근무하던 1990년대 초에는 컴퓨터로 정보 처리를 하기 위해 반드시 필요한 키펀치 자료 처리실이 있었다. 말하자면 수많은 데이터 문서를 일일이 컴퓨터로 입력하는 곳이었다. 지금은 모든 일이 자동화되면서 해당 업무를 하던 곳은 사라졌다. 그 일을 하던 공무원들은 전부 새로운 업무를 배워서 다른 업무에 투입되었다.

그때의 에피소드가 떠오른다. 당시 나는 급여 업무를 담당하고 있었다. 이때만 해도 전산실에서 작업을 할 때는 마그네틱테이프라는 보조기억매체를 사용했다.

바쁘게 일을 하다 보면 하루에도 몇 번씩 병사들이 기계실에 내려가서 마그네틱테이프를 가져오곤 했다. 하루는 전입 신병에게 "기계실에 가서 테이프 좀 가져와"했더니 그 친구가 마그네틱테이프가 아닌 스카치테이프를 가지고 왔다. 다들 한바탕 웃었다. 그날부터 그 친구 별명이 스카치테이프가 된 것은 당연했다.

결국 군에도 새로운 부서가 생겨나고, 불필요한 부서는 통합되고 있다.

4차 산업혁명 시대의 길목에 선 지금 선진국의 군에는 진즉 엄청난 변화가 일어나고 있다. 군사용 로봇에 무인 전투기, 스텔스 기능을 갖춘 최첨단 함정까지, 그야말로 4차 산업혁명으로 대변되는 수많은 무기가 도입되고 있다.

하지만 이 모든 것을 운용하는 것은 바로 부사관들이다. 좀 더 체계적이고 과학적인 교육을 통해서 이러한 것을 조정 통제하는 것이

바로 직업군인인 것이다.

나는 '4차 산업혁명 시대, 휴먼브랜드전략'이라는 강의에서 이렇게 말한다.

"스펙처럼 일하는 사람은 없지만, 스펙처럼 일하는 로봇은 많다."

하지만 군인은 스펙처럼 근무한다. 해군은 해군답게, 육군은 육군답게, 공군은 공군답게, 그리고 해병대는 해병대답게 말이다. 따라서 군인은 4차 산업혁명이 두렵지 않다.

군대가 첨단 과학화 군으로 운용될수록, 군인들은 병사들을 줄이고 부사관 중심의 체계적이고 숙련된 전문가를 점점 더 많이 필요로 할 것이다.

실업계 출신들이 3년간 학교에서 전공한 특기로 부사관을 지원한다면, 바로 현장에서 실습하며 최고의 전문가로 거듭날 수 있다.

군은 항상 사회를 선도해왔다. 1990년대 정보화 시대가 열렸을 때, 군은 가장 먼저 전 장병들에게 정보화 교육을 시작했다. 군대를 다녀오면 컴맹에서 벗어나게 만들기 위해서였다. 4차 산업혁명 시대에도 군은 가장 먼저 움직일 것이다. 부사관들을 좀 더 세분화된 첨단 장비의 전문가로 양성하여 미래에 대비할 것이다.

과연 50:1, 100:1의 엄청난 경쟁률로 난리인 일반직 공무원으로 미래를 대비할 수 있을까? 4차 산업혁명은 지금까지 우리가 가보지 못한 길을 걷게 만들 것이다. 현재 우리가 알고 있는 많은 직업이 사라질 것이다. 하지만 변하지 않는 것 한 가지! 국가가 존재하는 한 어떠한 경우에도 직업군인은 사라지지 않을 것이다. 이런 점에서 4차 산업혁명 시대를 대비하는 가장 확실한 직업은 바로 직업군인이다.

Question Thinking ──────────────────────────

1. 4차 산업혁명 시대, 내가 생각하는 미래형 직업은 무엇인가?
2. 직업군인이라는 직업이 과연 언제까지 존재할까?

공무원은 고시촌으로,
직업군인은 안락한 독신자 숙소로

지방 출신이 취업한 경우, 가장 먼저 부딪히는 것은 주거 문제다. 수도권에 거주하는 사람들은 만원 버스와 소위 지옥철에 시달릴지라도 일단은 주거 문제를 해결한 상태이니, 그것만으로도 감지덕지할 판이다.

이 점에서 지방 출신 사람들은 그저 부러울 따름이다. 그들은 상경하자마자 적당한 원룸, 고시텔, 월세방 등을 찾아 동분서주하지만 만만치 않은 월세 때문에 연이어 좌절한다. 아무리 발품을 팔고 다녀도 내 몸 하나 누울 정도의 공간을 구하는 데 평균 40~50만 원이 들어간다. 그러다 보니 은연중에 이런 생각까지 튀어나온다.

'어째서 나의 부모님 친척들은 서울에 안 살까?'

통계청에서 발표한 서울시 전출인구 현황을 보면 30대가 48.9%, 20대가 44.2%인데, 대부분 높은 주택 가격 때문에 전출하는 것으로 나타나고 있다. 주거 문제는 그만큼 청춘들의 최대 고민 사항 중 하나다.

노량진에서 오늘도 수많은 청춘이 공무원이 되기 위해서 열심히 공부하고 있다. 그들이 살인적인 경쟁률을 뚫고 일반직 공무원이 되고 나면 월급을 얼마나 받는지 한번 살펴보자.

2017년 9급 공무원 기본급은 1,395,800원이다. 여기에 수당이 더해지면 대략 200만 원 정도 될 것이다. 이 월급으로 월세 40~50만 원을 내고, 교통비와 식비를 해결하고 나면 정말 아무것도 남지 않는다. 그야말로 가혹한 현실이 아닐 수 없다.

내 조카의 경우도 2003년 강원도에서 근무하다 갑자기 서울로 발령을 받았다. 둘째 누님의 딸이었는데, 다행히 당시 내 아이들이 어린 덕분에 조카에게 방 하나를 무리 없이 제공해줄 수 있었다. 이러한 양상은 지금 수도권에 근무하는 많은 청년에게 비일비재하게 일어나고 있다.

자, 그렇다면 직업군인들은 어떨까? 수도권에 근무하는 직업군인들은 주거 문제로 걱정할 일이 전혀 없다. 군이라는 특수성 때문에 대부분 독신자 숙소를 제공받기 때문이다. 일단 직업군인의 독신자 숙소는 두 가지 형태로 운영된다.

첫째는 미혼자를 위한 독신자 숙소다.

이곳의 기본 평수는 약 7평이다. 1인 1실로 운영되고 있으며 월

45,000원의 관리비만 내면 된다. 욕실은 물론 침대, 냉장고, 에어컨, TV, 옷장 등이 기본적으로 구비되어 있어서 퇴근 후 쾌적하게 쉴 수 있다. 직업군인들에게 가능한 한 최적의 숙소를 제공하려고 하는 이유는 결국 전투 때문이다. 유사시 즉각적인 전투 임무 수행을 위해서는 충분한 휴식이 필수적이니까.

당연히 막 임관한 초급 간부들도 어디를 가든 시설이 조금 더 현대식이냐의 차이만 있을 뿐, 주거 문제로 고민은 안 해도 되니 얼마나 다행인지 모른다. 일부 독신자 숙소가 부족한 지역은 2인 1실인 곳도 있다. 나도 2인 1실을 사용한 적이 있는데 크게 불편함은 못 느꼈다. 오히려 마음 맞는 동기와 함께 방을 쓰면 덜 외로울뿐더러 운동도 같이하는 등 군생활을 하는 데 시너지 효과도 기대할 수 있다.

둘째는 기혼자를 위한 독신자 숙소다.

직업군인의 특성상 주말부부가 상당히 많다. 당연히 자녀들이 청소년기에 접어들면 학교 문제로 주말부부의 생활을 하는 경우가 많다. 이들을 위해서 별도로 기혼자용 독신자 숙소를 제공한다. 주말이나 방학 같은 시기에 자녀들이 방문할 때 불편하지 않게 생활할 수 있도록 하기 위해서다. 기혼자용 독신자 숙소는 평균 15평 규모다. 따라서 언제든 가족들이 방문을 해도 생활하는 데 불편하지 않도록 모든 편의 시설을 다 갖추고 있다. 월 6만 원 정도의 관리비만 내면 된다. 이는 직업군인에게 제공되는 또 하나의 큰 복지 혜택이다. 지방 출장 시 시내 모텔을 사용하면 평균 하루 숙박비가 5만 원 정도다. 여기에 비하면 매우 저렴한 편이다.

직업군인의 독신자 숙소는 부대 여건에 따라 영내 숙소, 영외 숙소로 나뉜다. 영내 숙소의 경우, 대부분 저렴하게 이용 가능한 식당도 있어서 아침저녁을 해결할 수 있다. 목욕탕, 헬스장, 도서관 등도 마련되어 있다. 피가 끓는다고 하는 청춘 시절, 갖가지 유혹을 받게 마련이다. 영내 독신자 숙소를 사용할 경우, 자신을 통제할 여건이 조성되므로 마음만 잘 먹는다면 자기계발 시간을 충분히 가질 수 있다.

취업 걱정도 모자라 주택 걱정까지 해야 하는 대한민국 청년들의 실상이 참으로 걱정스러운 요즘이다. 독신일 때는 자취방이 문제이고, 결혼할 때는 신혼집이 문제라니……. 다행히 직업군인은 신혼집과 자취방 모두 군에서 제공을 하니, 이것만으로도 엄청나게 큰 혜택이 아닐 수 없다.

Question Thinking ────────────────────────

1. 내가 생각하는 독신자 숙소는 어떤 곳인가?
2. 직업군인의 독신자 숙소 제공은 큰 복지 혜택인가?

직업군인은 월급 받으며
외국어도 배우고 유학도 간다

많은 직장인이 자기계발에 열중한다. 그중에서도 으뜸은 바로 외국어 공부다. 왜 그토록 어학 공부에 목매는가? 글로벌 경쟁 사회에서 어학 하나라도 더 경쟁력을 갖추어야만 살아남을 수 있을 테니까. 문제는 그 학습을 위해 대개 자기 돈을 어떤 식으로든 투자해야 한다는 점이다.

이런 점에서 직업군인의 장점이 또 도드라진다. 직업군인은 월급을 받아가면서 원어민 강사에게 외국어를 공부할 수 있으니 말이다.

민간 사회 못지않게 군대에서도 외국어 영역은 참으로 중요한 평가 요소다. 지금은 군인 신분으로 해외 유학을 가고 파견 근무도 나가는 마당이다. 연합작전을 많이 하는 부서에서 외국어는 체득하고 있어야 할 필수 요소이다. 한미연합사에 근무하는 이들은 당연히 주기적으로 영어시험을 치른다.

그런 만큼 군대에는 외국어 공부를 전담하는 학교와 교수진이 준비되어 있다. 유학 혹은 해외 근무를 원하는 경우, 군에서 치르는 영어시험에 응시하여 선발되면 국방어학원에 들어가 원어민들에게 외국어를 배울 수 있다. 지금은 영어뿐만 아니라 일본어, 중국어, 러시아, 불어, 독어 등 다양한 국가의 언어 수강 과정까지 마련되어 있다.

필요에 따라 본인이 각오만 한다면 원하는 어학 공부를 근무 시간에 월급 받아가면서 원어민 강사에게 배울 수 있다는 것! 이것은 직업군인에게 주어진 대단히 큰 혜택이다.

일반 직장인들은 출근 전에 아침 일찍부터 어학원으로 달려간다. 아니면 철저히 야근을 제친 채 눈치를 보면서 퇴근 후 어학원에 다녀야 한다. 반면, 직업군인들은 근무 시간에 원어민 강사들에게 직접 배울 수 있으니 이 얼마나 좋은 여건인가?

사실, 따지고 보면 군대에서는 당연한 것이다. 연합작전을 해야 하는 군인들에게 소통을 위한 외국어는 필수 사항이다. 위기 상황 시 의사소통이 안 되면 작전을 진행할 수 없기 때문이다. 따라서 군인들에게 외국어는 단순한 공부가 아닌, 연합작전을 위해 반드시 갖추어야 할 능력 중 하나다. 그런 만큼 외국어 공부를 신청한 직업군인들이 선발만 되면 그야말로 철저하게 공부시킨다. 그냥 배워두면 좋은 게 절대 아닌 것이다.

나에게도 1998년 1년간 영어만 공부하던 시절이 있었다. 나는 고등학교를 졸업하고 군에 입대한 이래, 영어를 사용할 기회가 없었다. 당연히 영어 실력은 속된 말로 꽝이었다. 그런데 갑자기 새로운 시스템 인수를 위한 미국 유학팀에 선발되었다.

아직도 기억이 생생하다. 지금은 부대를 옮겼는데 경기도 성남에 육군영어학교가 있었다. 각 군에서 선발된 사람들이 모였는데, 느닷없이 'ECL'이라는 영어시험을 치렀다. 솔직히 무엇을 보았는지 전혀 기억나지도 않는다. 당연히 영어시험 성적은 완전히 바닥이었다. 내가 알고 푼 문제는 하나도 없었다. 덜컥 겁이 났다. 어쩌지 하는 마음으로 얼마나 불안했는지 모른다.

그 시험 성적에 따라 반을 편성하고 본격적으로 영어 수업이 진행되었다. 정말 하루 10시간 넘게 영어 공부만 했다. 내가 속한 반은 아주 기초적인 영어부터 시작했음은 두말할 필요도 없다. 영어 강사

군사영어반 교관님과 함께

는 매주 바뀌었다. 가끔은 한국인 강사도 있었지만 대개는 미국, 캐나다, 호주, 멕시코 출신 강사들이었다. 정말 들어도 들어도 들리지 않는 영어와의 싸움이었다.

물론 군인들은 한번 시작하면 공부도 전투적으로 한다. 매주 영어 시험을 보는데, 이 성적은 주말마다 지휘관에게 보고되었다. 미국에 가서 시스템을 인수해야 하는 시간은 정해진 것이었으므로 미국에서 요구하는 유학시험을 무조건 통과해야 하는 상황이었다. 한마디로 배수진을 치고 영어 공부를 했다. 시험 성적이 좋지 않으면 주말을 반납해야 하기 때문에 모두 머리 싸매고 영어 공부에 몰두했다.

시험을 통과하는 것 외에 선택의 여지란 없었다. 종종 주말에 지하철을 타면 모든 사람이 영어로 대화하고 있는 듯한 환청에 빠지기도 했다. 그때는 정말 잠들면 꿈도 영어로 꾸었다. 그렇게 혹독히 영어 공부를 하고 매일 시험을 치렀으니, 스트레스가 이만저만이 아니었다. 남들은 그래도 근무 시간에 오로지 영어 공부만 하니 얼마나 좋으냐고 할지 모르지만 당시 함께 공부하던 동기들은 정말 죽을 맛이었다.

나중에는 공부하던 영어책 한 권을 통째로 다 외워버렸다. 영어 테이프로 공부하던 시절이었는데 우리는 그 영어 테이프 내용마저도 몽땅 외웠다. 얼마나 지독히 공부했는지 영어 카세트에서 나오는 내용을 전부 받아쓸 수 있었다.

그렇게 1년간 치열히 공부하면서 영어와 친해졌고, 한 명의 낙오자 없이 모두 유학시험을 통과했다. 영어 울렁증이 심했던 당시의 동기들이 모두 그 난관을 헤쳐나갔을 만큼 군대 내 다양한 어학 공부 시스템이 잘 갖추어져 있다.

원하는 꿈과 명확한 목표만 있다면, 어학 공부는 군대에서 정말 제대로 할 수 있다. 물론 어학 공부를 마치고 원하는 부서로 배치되면 실무에 즉각 써먹을 수 있는 것도 큰 장점이다. 후배 중 몇몇은 영어 공부를 마치고 연합사로 발령받아 미군들과 함께 근무하고 있다. 모든 사람이 다양한 외국어 공부를 하고 있는 현실 속에서, 직업군인들은 원어민에게 외국어를 배울 수 있고, 관련 부서에 바로 근무할 수 있기 때문에 더 확실하게 외국어를 자신의 것으로 만들 수 있다.

이제 어학의 연장선상으로, 유학 이야기도 좀 해보자. 직업군인 역시 다양한 목적으로 해외 유학을 간다. 외국 대학의 석·박사 과정을 밟기 위해 가는 경우도 있고, 어학연수·장비 인수·훈련 등 다양한 코스 과정을 밟기 위해 가는 경우도 있다.

나는 군생활 중 1999년에 시스템 인수차 미국 유학을 6개월간 다녀왔다. 그 기간 동안 미국이라는 나라에서 꽤 많은 것을 체험했다. 그냥 잠시 여행을 가서 보는 것과 직접 체류하며 접하는 것은 천지차이다. 그 나라의 낯선 일상생활에 깊숙이 녹아들고, 작은 골목 하나하나까지 들어가보는 생생한 즐거움은 유학생활에서 얻을 수 있는 큰 기쁨 중 하나다. 당시 나는 휴일마다 한인 교회에 가서 봉사활동을 했는데 그러면서 현지 교민들과 많은 교감을 할 수 있었다. 그들과의 친교를 통해 나는 정말 많은 것을 배웠다. 그런 경험 때문에 나는 만나는 후배들마다 강권한다, 군생활하는 동안 한 번은 반드시 해외 유학을 다녀오라고!

군인으로서 미국 유학을 갈 때 좋은 점 중 나에게 특히 인상적인 것이 있다. 나의 경우, 다소 특별한 경우이긴 하지만 한국 계급에 맞는 미군 신분증을 발급받아서 미군 부대 내 숙소에 거주했다. 미군 부대의 모든 것을 다 사용하는 특권을 누리면서 말이다. 시간을 내어 여행할 때도 우리 팀은 반드시 미군 부대 내 숙소를 예약하여 사용했다. 그 시설은 당연히 안전할뿐더러 민간 숙박 시설보다 훨씬 더 좋다.

다만, 당시 우리는 가족들과 함께 갈 수 없었다. 가장 큰 이유로 공부에 방해가 될 것이라는 점을 들었지만, 사실 형편상의 문제가 제일 컸지 싶다.

지금은 6개월 이상 유학을 나가는 경우, 대부분 가족들을 데리고 간다. 자녀들이 현지에서 학교를 다닐 수 있도록 도와주기 때문에 어학연수를 가는 셈 치고 거의 자녀들을 동반하여 나간다. 사치스럽게 생활하지 않으면, 월급만으로도 충분히 가족들과의 생활이 가능하다. 남들은 돈 들여서 어학연수를 갈 때 직업군인 신분으로, 게다가 가족들 데리고 유학을 갈 수 있다니 이 얼마나 좋은가!

이 특혜를 받는 데에서 신분 자체는 중요치 않다. 장교이든 준사관이든 부사관이든 상관없다. 중요한 것은 자기 의지다. 유학 갈 의지만 있다면, 그리고 이를 위해 부단히 노력한다면 군대는 팍팍 밀어줄 것이다.

인생 목표가 분명한 가운데 직업군인을 희망한다면 도전하라. 자신을 성장시켜주는 것, 그게 가장 좋은 직장의 조건 아닐까. 군대만큼 체계적으로 개인의 자기계발을 신경 쓰고 키워주는 곳도 없다. 공무원 열풍이라고 하지만 과연 일반직 공무원들이 직업군인만큼 자기계발이 가능한지는 의문이다. 내가 지난 33년간 경험한 직업군인은 최고의 자기계발을 보장받는다.

Question Thinking ──────────────────────────

1. 나에게 외국어는 왜 필요한가?
2. 해외 유학을 간다면 학자금은 어떻게 마련할 것인가?

직업군인은 군함 타고 세계 일주를 한다

해외여행의 로망 중 하나가 바로 세계 일주 크루즈여행일 것이다.

저 멀리서 반짝이는 도시 야경을 바라보며 높은 뱃머리 카페테리아에 앉아서 사랑하는 사람과 와인잔을 부딪친다. 은은하게 흐르는 아름다운 음악 선율이 한밤의 낭만을 깊이 있게 전해준다! 어떤가? 상상만으로도 기분이 절로 좋아진다.

물론 이것은 대다수 일반인에게 현실적으로 만만히 벌일 수 있는 일이 아니다. 실제로 10박 정도 유럽 크루즈여행을 다녀오려면 경비만 600만 원 정도가 든다. 가족과 혹은 연인과 함께하려면 정말 몇 년간 큰마음 먹고 저축해야 한다. 그래서 크루즈여행을 두고 로망이라고 한다.

이러한 로망을 해군에서는 어렵지 않게 체험할 수 있다. 연합훈련 차 군함을 몰고 해외 각 나라를 방문하는 경우가 종종 있기 때문이다. 좀 더 구체적으로 말하자면, 해군에 근무하는 직업군인들은 매년 3개월 정도 군함을 타고 세계 일주에 나선다. 즉, 해군사관학교 4학년 생도들이 그동안 배운 것을 종합적으로 실습하기 위해서 외국으로 장거리 순항훈련 실습을 떠나는 것이다.

통상 2척의 군함으로 이동을 한다. 세계 일주라고 표현한 만큼 짧은 거리가 아닌, 굉장히 먼 거리를 항해한다. 그 기간 동안 사관생도들은 그동안 배운 각종 지식과 기술을 현장에서 직접 실무 적응훈련을 실시한다. 단순히 관광을 가는 것이 아니다. 각 나라의 항구에 도착해서 한국을 알리는 행사부터 교민 행사까지 다양한 국위 선양 활동도 겸하게 된다.

방송작가 오진근 씨가 해사 51기 순항훈련에 동승하면서 직접 경험한 내용을 담은《군함타고 석달 동안 열두 나라》를 여기서 잠깐 소개하고자 한다.

해사 51기 순항훈련은 1996년 9월 16일부터 12월 16(92일간)까지 러시아, 필리핀, 싱가포르, 방글라데시, 말레이시아, 인도네시아, 파푸아뉴기니, 호주, 뉴질랜드, 피지, 미국, 일본까지 무려 18,825마일(33,885km)을 항해했다. 당시 천지함에 근무하던 배진국 하사는 뉴질랜드의 오클랜드항(港)에서 20년 전 해외로 입양된 누님을 만났다. 함장님의 배려로 3박 4일간 누님과 함께 보내는 행운도 누렸다. 해군 부사관으로 근무하지 않았다면 머나먼 타국에서

20년 전 헤어진 누님을 어떻게 만날 수 있었을까? 그의 행운은 해군 부사관으로 근무하면서, 순항훈련 전단에 참여했기에 가능했을 것이다.

순항훈련 시 바쁜 일정을 소화하는 와중에도 각 나라의 항구에 정박해 있는 동안 짧지만 관광하는 시간도 허락된다. 긴 시간 동안 항해하면서 쌓인 피로도 풀고, 잠시나마 항구도시들을 둘러볼 수 있다. 해군 부사관들은 순항훈련을 통해 외국을 경험할 기회가 많고, 이는 개인의 안목을 넓히고 세계 여러 나라 문화를 이해하는 데도 큰 도움이 된다. 개인적으로 배를 타고 12개 국가를 여행한다는 것은 결코 쉽지 않은 일이다.

해군 부사관으로 근무하면서 이런 기회를 가질 수 있는 것도 직업군인의 큰 매력 중 하나다. 해군은 연합훈련이 많아서 한국의 우방인 다양한 나라의 해군 기지를 방문한다.

지금은 국제화 시대다. 전 세계를 무대로 살아가야 하는 오늘날

각 나라의 고유한 문화를 접한다는 것은 엄청난 경험이자 향후 큰 자산이 된다. 직업군인의 길을 선택할 때는 자신의 꿈과 비전을 한 번 더 숙고해보고 각 군의 특성을 고려하여 최적의 군을 선택하기 바란다. 그렇게 자신의 꿈을 펼치는 데 적합한 군을 선택한다면 직업군인으로서 원하는 꿈을 반드시 이룰 것이다. 세상은 꿈꾸는 사람의 몫이고, 성공은 그 꿈에 도전하고 행동하는 사람의 몫이다.

Question Thinking

1. 내가 상상하는 크루즈여행은 어떤 것인가?
2. 내 인생의 버킷 리스트 중 세계 일주는 실현 가능한가?

직업군인은 장학금으로 대학 간다

매년 봄마다 전국의 대학가는 풋풋한 새내기들로 활력이 넘쳐난다. 하지만 그 이면, 부모들은 자녀들 대학등록금 마련으로 고민이 깊다. 2016년 4년제 대학교 평균 등록금이 667만 5천 원이었다. 이 글을 읽고 있는 독자 여러분은 부디 아무런 학자금 고민이 없기를 소망해본다.

나는 인문계 고등학교를 다녔지만 가정 형편상 일찌감치 대학을 포기해야 했다. 그러한 상황 때문에 나는 적잖이 마음고생을 하며 방황했다. 하지만 그때는 그게 당연하다 생각했다. 지금처럼 학자금 대출을 받는다는 생각은 감히 엄두도 못 내던 그런 시절이었다.

지금 대한민국의 많은 20대 청년이 사회생활의 출발선에서 빚을

지고 시작한다. 그놈의 대학교 학자금 대출 때문이다. 산술적으로 4년제 대학교를 졸업하려면 학자금만 평균 5천만 원이 필요하다. 여기에 하숙비, 생활비, 교재비, 실습비 등을 생각하면 정말 평균 1억 원 정도가 필요하다.

대학교를 졸업하고 보통 2년이 지나면 학자금 대출 상환을 시작해야 한다. 하지만 지금처럼 청년 100만 실업자 시대에 취업도 해결하지 못한 상태에서 학자금 대출 상환이라니, 참으로 답답한 현실이 아닐 수 없다.

그런 청년들의 심정을 나는 조금은 알 수 있을 것 같다. 뭐 딱히 잘못한 것도 없는데, 그냥 열심히 살아보려고 대학을 졸업했다. 그리고 취업을 위해 동분서주하면서 아침저녁으로 수없이 많은 자기소개서를 제출했다. 하지만 어디 한 군데 면접 보러 오라는 연락이 없어서 낙심한다. 그 모습이 사실 과거의 내 모습이다. 그 옛날 서울에 올라와 직장을 구하겠다며 기를 쓰던 바로 그 모습!

2016년 학자금 연체율이 평균 4.19%라는 보도를 보면서 부모로서, 기성세대의 한 사람으로서 마음이 아프다.

대학을 졸업하면 당연히 취직이 되던 시절, 비정규직, 시간제 아르바이트라는 말도 생소하던 1980년대는 이미 아련한 추억이 되어 버렸다. 사회에 첫발을 내딛고 힘들게 절규하는 청년들의 메아리가 지금도 내 귓가에 생생히 들려온다.

어쩌면 이런 현실 때문에 대학에 입학하는 순간부터 일반직 공무원시험에 매달리는 것인지도 모르겠다. 왜 비싼 등록금만큼 열심히 공부하고 청춘을 발산하면서 대학의 낭만을 만끽할 수 없는 것일까? 내가 아직도 현실도 모르는 철부지 같은 소리를 하고 있음을 잘 알고 있다. 하지만 지금 대학교 2학년생인 나의 딸이 대학을 진학할 때 내가 내건 조건은 딱 하나였다.

"대학 가서 학점보다 네가 좋아하는 것 하면서 원 없이 잘 놀 수 있는 대학, 학과를 선택해야 한다."

이유는 고등학교 때 열심히 공부하지도 않았고, 특별히 좋아하거나 하고 싶은 것도 없었기 때문이다. 사실, 이런 경우 대학을 안 가는 것이 정상이다. 하지만 내 딸은 대학을 갔다. 그래서 나는 비싼 등록금 내고 대학을 갔으니 최소한 대학의 낭만이라도 충분히 즐기라고 강권한 것이다. 웬걸, 그랬더니 고3 때도 안 하던 공부를 대학 가서 열심히 하는 것이다.

여하튼 이제 비싼 대학등록금, 학자금 대출 문제를 해결할 한 가지 방안을 제시하고자 한다. 여러분에게 작은 희망이 되었으면 좋겠다. 지금 고등학교를 졸업하고 부사관으로 직업군인의 길에 들어선 사람들의 평균 학력은 어떻게 될까? 대부분 전문 학사이다. 이유는 부사관으로 입대해서 장기복무자 선발이 되면 군인들의 자기계발을 위해서 대학을 다닐 수 있도록 학자금을 지원해주기 때문이다.

내 경우도 고등학교를 졸업하고 해군 부사관으로 입대했지만, 군의 지원으로 대학원까지 졸업했다. 물론 내 돈은 아주 적게 들었다. 어떻게 이것이 가능할까?

내가 정상적으로 대학에 갔으면 83학번이다. 내 꿈이 선생님이었는데 대학 근처도 못 가보고 군인이 되었으니 언제나 대학에 대한 로망이 마음 한구석에 자리하고 있었다. 그런데 1993년 군에서 부사관들 능력개발을 위한 위탁생 선발 계획을 발표했다. 비록 소수였지만 야간 전문대학을 다닐 수 있도록 학자금을 지원해준다는 것이었는데, 선발 공고가 나자마자 나는 바로 지원했다.

당시는 이 제도 시행 초기라 지원자가 많았다. 그럼에도 다행히 선발되어 동료들보다 10년 늦게 93학번으로 야간대학을 다녔다. 정말 내게는 꿈같은 일이었다. 가정 형편 때문에 대학을 못 가고 직업군인의 길을 택했는데, 군에서 야간대학을 보내줄 줄 누가 알았을까? 비록 야간대학이지만 정말 불평불만 없이 즐겁게 다녔다. 그렇게 야간대학 과정을 무사히 마칠 수 있었다. 그다음, 학점은행제가 막 도입되던 2000년대에 많은 동료가 대거 학점은행제를 이용해 공부를 시작했다. 나도 2005년에 학점은행제로 공부해서 2005년 컴퓨터공학 학사 학위를 받았다. 그 이후에 교관으로 근무하던 2008년 다시 한 번 능력개발 교육 위탁생에 응시하여 대학원을 다녔다.

내가 야간대학을 다니던 시절 초기에는 예산 부족으로 많은 이에게 학자금 지원을 해줄 수가 없었다. 그래서 제한도 많았지만 지금은 희망하는 대부분의 군인이 능력개발 위탁생으로 선발된다.

매년 예산 범위가 달라서 학비를 100% 지급받지 못하는 경우도 있지만 평균 90% 정도는 지원받을 수 있다. 고등학교를 졸업하고 부사관으로 입대하여 장기복무자 선발이 되면 일단 특정직 공무원으로서 안정적인 정년을 보장받고, 학자금 지원을 받아서 대학도 다닐 수 있다. 이것은 정말 어떤 직장보다 좋은 직업군인만의 혜택이 아닐 수 없다.

종종 이런 질문을 받는다.

"그럼 부사관이면 아무나 다 대학 학자금 지원을 해주나요?"

정답은 '아니오'이다. 부사관들에게 대학원까지 학자금을 지원해주는 조건은 다음과 같다.

첫째, 장기복무 선발이 된 사람.

둘째, 근무 성적이 불량하지 않은 자.

어디에서든 불성실한 사람에 대한 지원은 없다. 사실, 애초에 근무 태도가 불량한 사람은 장기복무자 선발이 안 된다. 이는 바꿔 말해 장기복무자에 선발되면 대부분 지원을 받을 수 있다는 것이다.

학자금 대출 상환을 걱정하면서 부사관으로 입대한 친구들도 많다. 이 책을 읽고 지금 부사관 지원을 고민하고 있다면, 가능한 한 고등학교 졸업과 동시에 지원하기 바란다. 그럼 대학원까지 학비 걱정 없이 공부할 수 있다.

나는 경남대학교 행정대학원에서 사회복지학을 공부했다. 그때 알게 된 사실 하나가 있는데, 전국의 수많은 사회복지 시설의 청소년들은 대부분 고등학교를 졸업하면 그곳을 나가야 한다는 점이다. 그 막막함을 난 안다. 하지만 걱정하지 마라. 어차피 갔다 올 군대,

부사관으로 지원해보자. 적성에 맞으면 특정직 공무원 신분으로 평생 근무할 수 있고, 대학원까지 다닐 수도 있다. 아니면 의무복무를 하는 동안 알뜰히 저축해보자. 그렇게 하면 5천만 원은 거뜬히 모을 수 있다. 그 돈으로 대학을 가든, 창업 자금으로 사용하든 해보는 것이다.

Question Thinking

1. 나는 왜 대학교에 입학했는가?
2. 장학금으로 대학 공부를 할 수 있는 가장 좋은 방법은 무엇인가?

내 실력으로 차별 없이 진급한다

어느 직장이든 승진 시즌에는 늘 희비가 엇갈린다. 동시에 온갖 루머가 난무한다. 그러다 보니 승진 시즌에는 서로 조심하고 윗사람 눈치 보느라 일이 손에 잘 안 잡히게 마련이다. 윗사람이 승진하면 좋겠지만, 승진에 누락된 경우 혹시라도 "너 때문이다"라는 소리를 들을까 봐 마음 졸이기도 한다.

대기업의 경우도 대부분 승진에 연차가 적용될 것이다. 신입 사원에서 임원까지 올라가면, 그것은 그야말로 군대로 치면 별을 다는 것이다. 얼마 전 사석에서 만난 한 대기업 임원은 농담처럼 말했다.

"임원의 의미는 임시 직원의 줄임말입니다."

그냥 가볍게 농담처럼 흘려 넘기기에는 마음이 아팠다. 아마도 이 시대 모든 직장인이 그러하지 않을까? 공무원들의 승진에 관한 이인재의 책《나는 공무원이 되고 싶다》에 이런 이야기가 나온다.

공무원의 세계는 입문 그 순간부터 동화의 세계가 산산이 부서진다. 9급이건 7급이건 혹은 행정고시 출신이건 간에 계급사회의 숙명을 벗어날 수가 없기 때문이다. 한마디로 공무원의 세계에서는 어느 날 갑자기 미운 오리 새끼가 백조로 변하는 기적 같은 이야기는 애초에 기대할 수가 없다. 어림잡아 9급으로 출발하면 지방에서는 5급, 중앙에서는 4급, 7급으로 시작한 사람은 지방에서는 4급, 중앙에서는 3급쯤 되면 은퇴할 나이가 코앞에 다가와 있다.

결국 공무원생활 9급으로 시작해서 최고봉인 1급까지 간다는 것은 거의 불가능하다는 이야기다. 누구나 직장생활을 시작하면 가능한 한 입사 동기들보다 빠른 승진을 원할 것이다. 그래서 야근에 휴일 근무로 가족들 눈치를 보면서까지 열심히 일하는 것이다.

직업군인들의 경우도 마찬가지다. 내가 경험한 해군 부사관의 경우를 한번 살펴보자. 진급에서 정말 공정하게 내 실력을 평가받아서 진급할 수 있다면 아무도 이의를 제기하지 않을 것이다. 물론 아주 특별한 경우에는 특진제도도 있다. 모든 신문에 보도된 해군 부사관의 특진 사례를 기억할 것이다.

해군은 2012년 4월 27일 세종대왕함에 근무하는 허광준 상사에게 중사에서 상사로 1계급 특진 및 보국훈장 광복장을 수여했다. 바로 북한이 발사한 장거리 로켓(미사일) 은하 3호를 최초로 탐지한 공로를 인정해서다.

일반적으로 해군 부사관의 경우, 삼군 중에서 특별히 중사에서 상사로 진급하기 위한 진급시험을 치른다. 물론 여기서 탈락하면 진급 대상에서 제외된다. 그렇게 진급시험에 합격한 사람에 한하여 공정한 심사를 거쳐서 진급시킨다.

부사관의 진급 경우에는 정말 공정하게 대상자가 노력한 결과를 심사한다. 컴퓨터에 모든 데이터를 입력하고 자질을 검증한다. 1년에 두 번씩 받는 근무평점, 표창, 내 직무에 필요한 각종 자격증, 힘들게 근무한 함정 경력 등이다. 이러한 모든 것을 합산해서 진급에 반영한다. 당연히 각종 사건 사고에 연루되면 진급은 물 건너간다.

건강관리도 늘 최선을 다해야 한다. 모든 군인은 1년에 한 번씩 반드시 체력검정을 치르는데, 여기에서 불합격하면 안 된다. 혹자는 군인이면 당연히 체력이 좋아야 하는 것 아니냐고 물을지 모르겠다. 하지만 군인도 사람이고 가정이 있다 보니 때로는 체력관리가 안 되는 경우도 종종 있다.

결국 직업군인으로서, 진급하려면 기초체력을 비롯한 엄격한 자기관리는 기본 중의 기본이다. 이 모든 것은 자신의 노력에 달렸다. 결국 내가 열심히 근무한 결과를 가지고 공정한 평가를 통해서 진급할 수 있다.

부사관으로 입대하면 누구나 바로 준사관이 되는 것을 꿈꾼다. 다른 군과 다르게 해군은 준사관의 규모가 작기 때문에 정말 특별한 준비를 하지 않으면 여간해서는 준사관이 될 수 없다. 나는 준사관 시험 준비를 위해 1년간 도서관에서 살았다. 지금도 나는 말한다. 내 인생에서 2007년은 없다고 말이다. 바로 준사관시험 준비를 위해 1년간 퇴근하면 바로 도서관으로 갔기 때문이다. 휴일은 초등학교 다니던 딸을 데리고 도서관으로 갔다. 그렇게 1년간 시험 준비에 매진했다.

시험 과목은 '영어', '일반상식', '전문자격' 이렇게 세 과목이었다. 과목 과락 40점에 평균 60점 이상 합격자 중에서 개인 자력을 기준으로 선발하는데, 전문자격 시험이 가장 큰 문제였다. 당시 영어는 유학도 다녀왔기 때문에 별 걱정이 없었고, 일반상식도 자신이 있었다. 문제는 전문자격이었다. 일반 4년제 대학교 컴퓨터공학과에서 배우는 모든 과목이 다 있다고 생각하면 된다. 그런데 교재는 20권 가까이 되는데 여기서 달랑 50문제를 출제한다.

나는 나름대로 1년간의 계획을 세웠다. 교재가 너무 많아 한 권씩 정독하면서 요약정리를 해 나아갔다. 그렇게 8개월 정도가 지나니 모든 교재 정리가 끝났다. 하지만 공부를 해본 사람들은 알 것이다. 마지막 교재를 덮고 나면 아무런 기억도 안 난다는 사실 말이다.

나는 내가 시험 출제자라 가정하고 요약본을 토대로 시험문제를 만들어보았다. 그리고 그 시험문제를 스스로 풀어보니 제한된 시간에 50점이 간신히 나왔다. 이럴 수가! 내가 요약하고 내가 만든 시험문제를 풀었는데 50점이라니, 허탈했다. 시간은 없고 다시 처음부터 할 수도 없는 상황이었다.

다시 한 번 요약본과 내가 만든 연습문제를 가지고 최선을 다했다. 50분에 50문제를 풀어야 하는데, 문제를 읽으면서 바로 정답을 찾지 않으면 시간은 절대 부족했다. 그런 노력 덕분일까? 2008년 단 한 번 도전으로 준사관시험에 합격하고 최종 선발이 되었다. 부사관으로 입대해서 24년 만에 누구나 꿈꾸는 준사관이 된 것이다.

공정한 사회란 어떤 사회일까? 자신의 노력과 공정한 경쟁을 통해서 결과에 승복하는 것 아닐까? 내가 경험한 군인이 그렇다. 특히 부사관으로 입대해서 마지막까지 진급할 수 있는 계급은 원사다. 준사관은 군번이 바뀌는 전혀 다른 신분이다. 9급 공무원이 임용되어서 최고봉인 1급에 오를 확률은 희박하다. 반면, 부사관은 하사로 임관해서 원사로 진급하는 게 대부분 가능하다. 자신의 노력으로 말이다. 물론 준사관도 그렇다.

〈군인사법〉
제3조(계급)
① 장교는 다음 각 호와 같이 구분한다. [개정 2017. 3. 21] [[시행일 2017. 6. 22]]
1. 장성(將星) : 원수(元帥), 대장, 중장, 소장 및 준장
2. 영관(領官) : 대령, 중령 및 소령
3. 위관(尉官) : 대위, 중위 및 소위
② 준사관은 준위(准尉)로 한다.
③ 부사관은 원사(元士), 상사, 중사 및 하사로 한다.
④ 병은 병장, 상등병, 일등병 및 이등병으로 한다.
[전문개정 2011. 5. 24]

자기 실력으로 자기 분야에서 최고 계급까지 진급할 수 있는 직장은 그리 많지 않다. 사회에서 말하는 '금수저', '흙수저' 논란이 군대에서는 존재하지 않는다. 내가 경험한 부사관은 차별 없이 오로지 자신의 실력과 능력만으로 진급을 보장받는다. 어떤가? 충분히 도전해볼 만한 직업 아닌가?

Question Thinking ─────────────────────────────

1. 향후 직장에서 어떤 자리까지 오르고 싶은가?
2. 어떻게 하면 그 자리에 오를 수 있을 것인가?

내가 꿈꾸는 모든 것이 가능한 특정직, 직업군인

"당신의 꿈은 무엇입니까?"

이 시대를 살아가는 사람들에게 이렇게 물어본다면 과연 어떤 대답이 나올까? 질문을 받는 즉시 "나의 꿈은 이것입니다"라고 명확히 말하는 사람은 과연 몇 명이나 될까?

아마도 그렇게 말할 수 있는 사람이라면 그는 '행운아'이지 싶다. 그 꿈이 허황되지 않고 구체적이라면 더더욱 말이다.

왜 그런가? 요즘 젊은 친구들은 꿈이 없다는 말이 사회적 현상처럼 되고 있다. 그 현실적인 문제는 취업 시장에서 더욱 극명하게 나타난다. 자신의 꿈을 생각할 여유도 없이, 일단은 안정적인 곳을 찾아서 공무원시험에 매달리는 것이 그 방증이다.

1980년대 내가 초임 중사 시절, 휴가 때 한 후배의 집에서 잠을 잔 적이 있었다. 서울의 난지도라는 곳이었다. 지금은 서울 상암동을 대표하는 하늘공원이 멋지게 꾸며져 있지만 당시에는 쓰레기 더미가 산처럼 쌓여 있었을 뿐이다.

후배의 부모님은 그곳에서 고물상을 했는데, 판자촌 같은 곳에 방한 개를 가구로 막아서 두 개처럼 사용하고 있는 집이었다. 그때 그곳에는 젊은 대학생들이 많이 일하고 있었다. 그들의 꿈은 그곳에서한 2년 일해서 창업 자금을 만드는 것이었다.

그렇게 살기가 어려운 시절이 있었다. 그런데 지금 우리는 당시보다 훨씬 좋은 환경에서 살아가고 있음에도 그런 도전을 하는 청년들을 찾아보기란 쉽지 않다. 왜 그럴까?

내가 군에서 인권 강의를 할 때 있었던 이야기를 하나 하겠다. 강의 중에 한 병사에게 물었다.

"김 상병의 꿈은 무엇입니까?"

"전역하는 겁니다."

너무나 놀라서 옆에 있는 다른 병사에게 똑같이 물었다.

"박 병장의 꿈은 무엇입니까?"

"전역하는 겁니다."

이번에는 다른 대답을 기대하며 옆에 있는 한 간부에게 물었다.

"간부님의 꿈은 무엇입니까?"

"저도 전역하는 겁니다."

순간 나는 '내가 질문을 잘못했나?' 하는 당혹감에 휩싸였다. 왜 군생활을 하는 20대 청춘들의 꿈이 전역이란 말인가? 갑작스런 질문에 당황해서 그렇게 대답했다면 참으로 다행이지 싶다.

같은 질문을 지금 독자 여러분께 해보고자 한다.

"지금 이 책을 읽고 있는 당신의 꿈은 무엇입니까?"

당대 최고의 궁수가 활을 쏜다고 해도 명확한 과녁이 없다면 절대로 명중시킬 수 없다. 왜 그런가? 목표물이 보이지 않기 때문이다. 천하의 명궁도 보이지 않는 목표물을 맞힐 수는 없다. 꿈이란 바로 내 인생의 나침반이다. 저 멀리 태평양을 항해하는 외항선에 나침반이 없다면 그 배는 절대로 목적지 항구에 이를 수 없다. 어디로 가고 있는지, 어디로 가야 하는지 알 수 없기 때문이다.

감상운 저자의 책 《왓칭》에 보면 '시간여행으로 돌연 젊어진 노인들' 이야기가 나온다.

2009년 8월 경기도 한적한 시골마을에 단체로 노인들을 모시고 갔다. 다들 꼬부랑 할머니, 할아버지들이다. 그들을 20년 전인 1989년 8월 이전의 물건으로 가득한 방으로 안내하고 이런 주문을 했다.

"여러분은 앞으로 일주일간 이곳에 머물면서 1989년 이전에 일어난 일에 대해서만 말하고 생각해야 합니다. 보는 것도 20년 전 것들만 보고, 행동도 20년 전처럼 해야 해요. 20년 전 사진을 붙인 신분증도 늘 목에 걸고 다녀야 합니다."

일주일 후 이들을 진단한 의사들은 딱 벌어진 입을 다물지 못했다. 손의 악력, 팔다리의 근력, 시력, 청력, 혈압, 콜레스테롤 등 모든 면에서 노인들의 몸이 놀랍도록 젊어졌기 때문이다.

무엇 때문일까? 이는 바로 생각의 힘 때문이다. 내가 꿈을 꾸고, 그 꿈을 늘 열망한다면 얼마든지 가능하다는 이야기다.

20대에 군인이 된 나의 꿈은 선생님이 되는 것이었다. 내 꿈은 이루어졌을까? 물론이다. 모든 부사관은 다들 교관이라는 직책으로 근무하기를 꿈꾼다. 사실, 대단한 직책은 아니지만 그럼에도 모든 면에서 성실해야 한다. 교관의 자격 조건은 다음과 같다.

첫째, 교육 성적이 상위 1/3 이내가 되어야 한다.

둘째, 인사고과 등급이 평균 이상이어야 한다.

셋째, 각종 악성사고, 징계 처벌 등의 기록이 없어야 한다.

부사관들에게 교관의 직책은 그래서 나름대로 자부심과 명예를 갖게 한다. 학생들을 가르치는 선생님 대신, 군 교육기관에서 군인들을 가르치는 교관으로 3년간 근무하면서 후배들을 가르쳤으니 선생님의 꿈을 이룬 셈이다.

사회에 강사 양성 과정을 운영하는 좋은 프로그램들이 많은 것처럼, 군에도 교관 양성을 위한 교관 연수 과정이 있다. 3주간 아주 혹독하게 기초부터 가르친다. 사회의 강사 양성 과정을 많이 받아본 내 경험으로 볼 때, 군에서 운영하는 교관 연수 과정은 사회의 그 어떤 강사 양성 과정보다 단연 최고다.

몇 가지만 예를 들어볼까 한다.

교관은 언제 어디서든 막힘없이 자신의 의견을 간결하게 표현할

인권강사단 보수교육 과정

부대 내 인권 강의 모습

수 있어야 한다. 교관 연수 과정 중 즉석 3분 연설이 있다. 한 명씩 나가 메모지를 뽑는데, 주제가 적힌 메모지를 들고 교단까지 걸어가는 데 약 30초 걸린다. 그 사이 주제에 맞게 3분 스피치를 구상하고 바로 발표해야 한다.

처음에는 매우 어렵지만 계속 연습하다 보면, 자연스럽게 즉석연설이 가능해진다. 이때 교관들이 모의 강의하는 영상을 촬영해서 본인에게 준다. 그러면 바로 옆 강의실에 가서 자신의 강의 영상을 보면서 스스로 잘된 점, 고칠 점을 기록하고 평가한다. 이런 과정을 몇 번 거치고 평가를 통과해야만 교관 연수 과정을 수료할 수 있다.

여기서 끝나는 것이 아니다. 자신이 근무할 학교기관으로 돌아가면 더 힘든 교관 연구 강의가 남아 있다. 사실, 이 과정이 너무 힘들어서 교관 직책을 기피하는 이들도 있다. 자신이 담당할 과목을 연구해서 50분 강의안을 작성한다. 그리고 많은 교관 앞에서 연구 강의를 해야 하는데 한 번에 통과하기란 결코 쉽지 않다.

이런 과정을 거쳐서 한 명의 교관이 탄생하고 영광의 교관 마크를 단다. 군에서 교관을 한 사람들은 전역 후 강사로 활동하면 누구보다 잘 할 수 있다고 나는 자부한다. 군이든 사회이든 자신의 꿈을 이루는 데 직장은 중요하지 않다. 중요한 것은 내게 꿈이 있고, 그 목표를 이루고자 하는 열정이 있는가 하는 것이다.

한번 생각해보라. 우리나라 기업 중 정규직 직원 60만 명이 되는 곳이 있을까? 게다가 군은 사회의 어떤 직장보다 세분화되어 있다. 따라서 정말 자신이 하고 싶은 일이 있다면 각 군의 특성, 병과의 특성을 잘 파악하고 도전해보자. 그러면 얼마든지 본인이 원하는 분야에서 근무할 수 있다. 더불어 정말 다양한 교육 프로그램을 운영하기 때문에 공무원, 공기업, 대기업보다도 자신이 원하는 분야의 자기계발도 가능하다.

사람은 스스로 할 수 없다고 생각하는 일은 정말로 절대 할 수 없다. 대신 무엇이든, 내가 어디에 있든 스스로 할 수 있다고 생각하면 무엇이든 가능하다. 이것이 바로 인간의 능력이다. 사회와 달리 군에서는 모든 자기계발 교육을 무료로 받을 수 있고, 사회의 좋은 프로그램은 위탁 교육을 통해 받을 수 있다.

자신의 꿈을 실현할 수 있는 가장 좋은 직업으로 군인을 선택하는 사람들이 늘고 있는 추세다. 매년 부사관 경쟁률이 높아지고, 대학의 부사관학과들이 늘어나는 이유다. 내가 선생님의 꿈을 군에서 이루었듯이, 여러분의 꿈을 군에서 이루어보기 바란다.

마틴 루터 킹은 말했다.

"인생에는 믿어야 할 무언가가 있어야 합니다. 그리고 인생이 끝날 때까지 그 신념으로 자신을 지탱할 수 있을 만큼 열렬히 그것을 믿어야 합니다."

Question Thinking ————————————————————————

1. 나의 꿈은 무엇인가?
2. 꿈을 위해서 나는 무엇을 하고 있는가?

Chapter 2

공무원보다
직업군인이 더 좋은 이유

부사관은 55세 정년을 보장한다

대한민국에 공무원 열풍이 부는 이유는 무엇일까? 급여가 높아서? 사회적인 신분이 높아서? 잘나가는 직업이어서? 모두 맞지만 아마도 가장 큰 이유는 정년을 보장받기 때문일 것이다.

2016년 인공지능 알파고와 이세돌의 대결을 전 세계가 지켜보면서 놀라움을 금치 못했다. 아마도 인공지능이 세계 최고의 바둑 고수를 어떻게 이길 수 있는지 의문이 들었을 것이다. 인공지능을 전공한 사람이 아닌 대부분의 사람은 싱겁게 이세돌이 이길 것으로 생각했을 것이다. 물론 나도 거기에 포함된다.

결과는 알다시피 4:1로 알파고가 승리했다. 그리고 사람들은 급격히 미래를 걱정하기 시작했다. 앞으로 어떻게 인공지능과 경쟁할지 깊이 고민되었을 것이다.

'그럼 내가 무엇을 준비해야 하지? 내 직장은 어떻게 될까? 혹시 로봇과 인공지능이 내 직장을 대체한다면 어떻게 하지? 그럼 정년을 보장받는 직장이 어디일까? 그래, 가자! 공무원의 세계로……'

사람들의 불안 심리는 부모 세대까지 자극했다. 그로 인해 부모들은 자식들이 안정적인 공무원이 되어주길 바라게 되었다. 자식들이 공무원시험 준비를 한다고 하면 반대하는 부모가 거의 없다. 그 덕분에 공무원 학원은 문전성시로 호황을 누리고 있다.

"그래, 잘 생각했다. 한 몇 년 열심히 공부해봐! 직장 몇 년 늦는 것은 아무것도 아니란다!"

온 가족이 모여서 '내 자식 공무원 만들기 프로젝트'를 함께 진행하고 있는 것이 지금 우리의 현실이다.

내 주변에서도 흔한 풍경이라 나는 가끔 이런 질문을 한다.

"정말 공무원은 정년을 보장하는 것 맞아?"

"당연하지. 그래서 다들 그렇게 열심히 공무원시험 준비를 하는 거잖아!"

대답을 하면서 대부분의 사람이 마치 나를 외계인처럼 쳐다본다. 부디 그들의 생각이 맞기를 바란다. 공무원의 정년이 끝까지 보장되기를 말이다.

특히 서울시 공무원 공채 모집 때에는 지원자가 저 지방에서까지 정말 구름처럼 몰려온다. 지난 2015년 그 무서운 메르스 사태에도 서울시 공무원시험에 7만 명이 몰려서 고시장마다 긴급 방역을 실시했다던 기사가 떠오른다.

9급 공무원의 평균 경쟁률은 50:1, 100:1 정도이다. 반면, 똑같은 공무원인 직업군인(부사관)의 경우는 대략 5:1이다.

어떤 사람들은 힘들고 정년도 일반직 공무원보다 짧은데 왜 직업 군인을 가야 하느냐고 묻는 이도 있다. 물론 틀린 말은 아니다. 다만, 그런 이들에게 단번에 공무원시험에 합격할 자신이 있는지 묻고 싶 다. 그렇지 않다면? 나는 훨씬 일찍 시작해서 안정적인 생활을 할 수 있는 직업군인이 더 좋다고 말해주고 싶다.

부사관의 경우 고등학교 졸업과 동시에 입대해서 정년 55세까지 근무한다면 산술적으로 35년을 근무할 수 있다. 정말 멋진 직장 아 닌가. 지금은 모두가 부러워하는 선망의 직업 중 하나가 바로 직업 군인이다. 부디 용기를 내기 바란다.

혹 친구들은 대학 가는데 나는 직업군인이 된다고 부끄러운가? 걱정 마라. 지금은 고등학교 졸업 전에 부사관에 합격하면, 학교에 서 축하 현수막까지 걸어준다. 남들은 대학 졸업 후 공무원에 도전 하는데, 고등학교 졸업 전에 공무원 신분이 되었으니 어쩌면 당연한 일이다.

자, 지금부터 현실적으로 함께 생각해보자. 대학 간 친구들이 군 복무 마치고 복학해서 졸업을 앞두고 어떤 고민을 하고 있을지 상상 해보라. 다들 취업 문제, 학자금 상환 문제 등으로 골머리를 앓는 가 운데 일찌감치 직업군인을 선택한 당신은 아주 편안한 나날을 보내 고 있을 것이다. 분명 친구들이 당신을 부러워할 날이 올 것이다. 왜

직업군인을 희망하는 청소년들 멘토링

냐고? 당신은 이미 당당한 공무원 신분에 정년이 보장되는 직장인
이고, 군장학생으로서 학비 걱정 없이 대학 공부를 할 수 있으니 말
이다. 더욱이 직업군인은 학력에 대한 어떠한 차별도 없고, 진급에
대한 부담도 상당히 적은 편이다.

계급별 진급을 위한 최저 근무 기간은 다음과 같다.

하사 – 중사 : 2년

중사 – 상사 : 5년

상사 – 원사 : 7년

물론 최종 목표인 준사관까지 간다면, 각 군마다 다르지만, 상사 2
년차부터 준사관시험에 응시할 수 있다. 평균적으로 20년이면 부사관의 마지막 계급인 원사까지 진급할 수 있다.

생각해보라. 내가 힘들게 몇 년 만에 공무원시험에 합격할 수 있을지, 공무원에 임용된 이후에 승진은 어디까지 가능할지 말이다. 9급 공무원은 승진에 한계가 있겠지만 부사관은 대부분 최고 계급인 원사까지 진급한다.

가장 현실적이고 안정적인 정년을 보장받는 길을 나는 직업군인(부사관)이라고 생각한다. 더불어 일반직 공무원, 직업군인 모두 정년 후에 연금을 받는데, 근속기간이 가장 중요하다. 따라서 가능한 한 어린 나이, 즉 고등학교 졸업하고 스무 살에 입대하면 가장 유리하다. 내가 직업군인을 추천할 때 가능하면 고등학교 졸업 후 바로 입대하라고 하는 이유가 근속기간, 즉 근속연수 때문이다. 당연히 부사관시험도 그때가 가장 편하게 응시할 수 있는 수준이기 때문이다.

산술적으로 대학 진학 후 군복무 마치고, 졸업 후 공무원이 되면 대략 나이가 20대 후반이 된다. 그것도 아주 잘된 경우에 한해서 말이다. 그럼 공무원으로 대략 30년 정도 근무하게 될 것이다. 그런데 공무원이 되기까지 그간 대학 학자금, 공무원 학원비까지 계산하면 상당한 비용이 들었을 것이다.

반면, 고등학교 졸업과 동시에 부사관으로 입대하면 어떻게 될까? 일단 병역 문제는 자동으로 해결된다. 군복무 35년으로 안정적인 연금 혜택을 받고, 남들이 대학 다니고 학원 다니며 돈을 소비할 동안 이미 안정적인 직업군인으로 착실하게 저축을 시작할 수 있다. 남들이 20대 후반에 겨우 공무원이 되어서 경제적인 문제로 힘들어할 때, 직업군인을 선택한 사람들은 그 나이면 대부분 결혼하고, 집 장만을 준비하고 있을 것이다.

무엇이 좋은지는 이 책을 읽는 독자 여러분의 판단에 맡긴다. 나는 일반직 공무원과 부사관 중 조금도 망설이지 않고 부사관을 선택할 것을 강력 추천한다. 이는 내가 33년간의 경험을 바탕으로 하는 강권이다. 지금처럼 청년 실업률이 높아지는 현실에서 공무원이 되기 위한 최고의 방법, 직업군인의 길을 가보자.

Question Thinking

1. 정년 보장이 되는 직장은 어디인가?
2. 어떻게 그곳에 정규직으로 취업할 것인가?

공무원연금보다 군인연금이 좋은 이유

대한민국의 미래를 염려하는 많은 사람이 청년들에게 미래를 보고 도전하라 한다. 현재가 아닌, 조금은 불확실한 두려움이 있더라도 미래지향적으로 과감하게 도전하라고 끝없이 이야기한다. 왜 그런가? 하루가 다르게 과학 기술이 발전하고 그런 만큼 세상이 급변하기 때문에 이제 대기업, 공기업 등 기존의 직장이라는 개념이 모호해지고 있기 때문이다.

중국, 인도 등의 젊은 청년들은 하나같이 스타트업을 준비하기 위한 징검다리로 직장을 생각하고 있다. 끝없이 변화하는 미래를 자신의 힘으로 개척하고자 노력하고 있다. 대한민국의 젊은 청년들도 이러한 도전 정신으로 무장해야만 우리의 미래가 밝지 않을까 싶다.

하지만 현실은 어떤가? 지금 대한민국의 청년들은 미래를 향한 도전이 아닌, 불확실한 미래를 안정적 일자리로써 극복해보고자 일반직 공무원에 목을 맨다. 서로가 엄청난 경쟁률 폭등에 일조하면서 말이다. 그럼 그 안정적이라는 공무원, 그걸 희망하는 이들의 주된 이유는 무엇일까? 다름 아닌 정년 보장, 연금 혜택일 것이다.

공무원을 20년 이상 근무하고 퇴직하면 공무원연금을 받는다. 그 지급 시기는 바로 65세(2010년 이후 임용자)부터다. 직업군인으로 20년 이상 근무하고 퇴직하면 군인연금을 받는다. 그런데 군인연금은 퇴직 즉시 받는다. 공무원연금은 65세부터, 군인연금은 퇴직 즉시! 과연 무엇을 선택하는 게 좋겠는가?

이쯤에서 한번 자문해보자.

'나는 왜 공무원이 되려고 하는가?'

혹시라도 그게 연금 때문이라면 직업군인을 선택해서 군인연금을 받는 것이 훨씬 유리하다. 물론 일반직 공무원과 특정직 공무원의 사명은 분명 다르다. 내 삶의 가치를 어디에 둘지는 각자의 몫이다. 다만, 퇴직 이후에 받기 시작하는 연금 지급 시기는 매우 중요한 사안이다.

몇 년 전의 일이다. 하루는 동기 한 명이 차 한잔하자고 해서 사무실을 방문했다. 그날따라 그의 얼굴은 매우 어두워 보였다.

"무슨 일 있어?"

한참 말이 없던 그가 이윽고 입을 열었다.

"나…… 전역할까 봐……."

20년 넘게 군인으로 산 사람으로서 이런 말을 꺼내기란 결코 쉽지 않다. 그 마음을 알기에 나는 말없이 그의 어깨를 두드려주었다. 군에서 동기란 정말 형제보다 친할 만큼 각별한 존재다. 어려운 일, 힘든 일, 고민되는 일 앞에서 마음 편하게 술 한잔 나누며 자기 속을 다 드러낼 수 있는 유일한 소울메이트라 해도 과언이 아니다.

며칠 뒤 결국 그 동기는 명예퇴직을 신청했고 얼마 뒤 명예퇴직금을 받고 전역했다. 전역하기 전, 나는 그를 만나서 어디에 정착할지 등의 이야기를 나누었다. 당시 그가 과감히 전역을 결정할 수 있었던 것은 바로 전역 직후 매월 지급되는 군인연금 덕분이었다. 사실, 그의 자녀들이 고등학교에 들어가는 시점이었다. 당장 경제적으로 여유가 없었지만 매달 넉넉하지는 않아도 기본적 생활이 가능한 군인연금을 즉시 받을 수 있었기에 그에게는 정말 큰 도움이 되었다고 한다.

동기는 경기도 외곽의 작은 도시에 집을 사서 이사했다. 게다가 본인도 아내도 모두 취직을 해서 경제 활동을 이어갈 수 있게 되었다. 지금은 군생활을 할 때보다 오히려 더 여유롭게 살고 있다. 정년 문제 걱정 없이 일을 하면서 그야말로 팔자 좋게 생활하고 있는 것이다.

직장인들이 정말 힘들어도 막상 그만두지 못하는 이유는 바로 경제 문제 때문이다. 가족을 부양해야 하는 입장이라 현실적으로 어쩌지 못하는 것이다. 그래서 월급을 '원하지 않는 일을 하면서 받는 급여'라고 일컫는지도 모르겠다.

군인 가정의 경제적 위기 상황에서 가장 큰 도움을 주는 것이 바로 군인연금 지급제도다. 내 동기 역시 공무원연금처럼 65세 때부터 연금을 받는다면 아마도 쉽게 전역 결정을 내리지 못했을 것이다. 생각해보라. 퇴직하고, 막상 수입이 없는데 연금을 받기까지 몇 년을 기다려야 한다면 그 기간 동안 경제 문제를 어떻게 해결하겠는가? 이것은 누구에게도 쉬운 문제가 아니다. 사실, 공무원들이 퇴직 시 가장 막막해하는 부분이 '연금 지급 시기까지 경제 문제를 어떻게 해결할 것인가?'이다. 따라서 공무원연금보다 군인연금이 퇴직 후 경제 문제를 해결하는 데 훨씬 더 유리하다.

　하지만 단순히 군인연금의 좋은 점만 생각하지는 말기 바란다. 그동안 얼마나 힘들게 근무했는지도 알아봐주기 바란다. 가끔 매스컴에서 무조건 군인연금을 많이 받는다는 식으로 보도하는데, 그건 정말 잘못된 인식이다. 대부분의 군인들은 33년간 꾸준히 연금을 적립하고 받는 것이다. 그것도 상당히 많은 부분을 적립한다.

　어느 은퇴자 모임에서 있었던 일이다. 어쩌다 보니 공기업 출신, 교사 출신, 경찰 출신, 군인 출신의 사람들이 한데 모여서 연금 이야기를 나누게 되었다. 군인연금이 조금 많아 보였는지, 다들 불평을 했다. 그러자 퇴역한 군인이 이렇게 말했다.

　"제가 군인연금을 조금 많이 받는 것 같다는 거죠? 그럼 거꾸로 삼십 년 전으로 돌아가면 제가 받던 봉급을 받아가면서 군생활을 하겠습니까?"

　그제야 아무도 토를 달지 못했다.

여하튼 군인연금의 가장 좋은 점은 공무원연금처럼 65세까지 기다릴 필요 없이 퇴직과 동시에 매월 연금을 지급한다는 점이다.

이제 가족 부양을 염두에 둔 또 다른 일면을 살펴보자. 많은 가장이 사랑하는 가족을 책임지고자 각종 보험에 가입한다. 자신이 없더라도 어떠한 경우에든 남은 가족들이 행복한 삶을 살아가기를 바라면서 말이다. 대부분 종신보험에 가입을 하는데 혹시라도 있을 사고에 대비하는 차원이다. 내가 떠나고 난 이후에도, 내 가족의 삶을 보장해줄 그 무엇이 필요한 사람들을 위해서 만든 상품이 종신보험이다.

나 역시 2002년에 종신보험에 가입했다. 어떤 직업보다 위험에

전역자 기념 사진

노출되기 쉬운 직업이 군인이다. 따라서 내가 없어도 국가가 남은 내 가족을 책임져줄 것이라는 강한 믿음이 바로 군인의 사기를 높여주는 큰 원동력이다. 그것 때문에 어떠한 위험도 감수하고 기꺼이 전쟁에 임하는 것이다.

내가 리더십 강의에 자주 사용하는 영화 한 장면이 있다. 베트남 전쟁을 소재로 한 영화 〈위 워 솔저스〉에서 주인공 할 무어 중령(멜 깁슨 분)이 죽음의 계곡으로 떠나기 전, 장병의 전 가족들이 모인 장소에서 이렇게 말한다.

"우린 잠시 집을 떠난다. 그건 우리가 영원히 함께할 가족을 지키기 위해서다. 귀관들을 무사히 데려오겠다는 약속은 해줄 수 없다. 다만, 내가 가장 먼저 적진에 들어갈 것이며, 가장 늦게 나올 것이다. 우리는 살아서든 죽어서든 다 같이 돌아올 것이다."

군인이 전쟁에 임할 때 가장 두려운 것이 무엇일까? 바로 적진에 홀로 남겨지는 것이다. 그래서 할 무어 중령은 장병들에게 끝까지 함께할 것이라는 믿음을 주고, 가족들에게는 반드시 함께 돌아올 것이라는 믿음을 주었다. 아울러 군인이 전쟁 중에 전사하면, 국가가 그들 가족을 끝까지 책임진다는 믿음을 주었다. 이를 가족들 앞에서 맹세하는 장면은 가슴 뭉클한 감동을 안겨주었다.

작년에 은퇴한 한 선배의 전화를 받고 나는 큰 충격에 빠졌다. 내가 지휘관으로 모셨던 예비역 한 분이 갑자기 돌아가셨다는 부고였다. 전역한 지 얼마 안 되었고 나이 60도 안 된 분이었다. 더욱이 전역하고 바로 취업해서 왕성하게 경제 활동을 하던 터였다. 그런데 갑자기 돌아가셨다고 하니 황당하기도 하고 순간적으로 너무나 화가 났다. 고등학교 졸업 직후 사관학교에 들어갔으니 젊은 청춘을 온통 군에서 다 보냈다. 이제 겨우 정년퇴직을 해서 정말 행복한 시간을 보내야 하는데, 갑자기 돌아가셨다니! 너무 억울한 생각이 들었다.

그분이 정년퇴직할 때 나는 제발 아무것도 하지 말고 좀 편히 쉬시라 권했다. 이제는 모든 것 다 내려놓고 운동도 하고, 가족들과 여행도 다니며 좀 쉬라고 말씀드렸건만, 그분은 바로 취업을 하셨다. 중간에 잠깐 몸이 안 좋아 병원에 다닌다는 소식을 들었는데 이렇게 될 줄은 정말 몰랐다. 평생 현역으로 마음 편히 쉬지도 못하고 근무하다, 퇴직하고 또 일만 하다 돌아가셨으니 이 얼마나 원통할 노릇인가.

2008년 준사관으로 함께 임관한 동기 한 명도 안타깝게 얼마 근무하지 못하고 암으로 순직했다. 같은 소대에서 땀 흘리며 함께 훈련받았던 기억이 새록새록 떠오른다. 준사관 교육은 대부분 40대 초반에 들어온다(더러는 50에 이르러 들어오는 이도 있다). 20대 젊은 훈육관들이 교육을 시키는데, 생각보다 힘들다. 하지만 준사관이라는 자부심 하나로 다들 그 훈련을 버틴다. 부사관으로 입대해서 마지막 꿈인 준사관으로 임관하고는 겨우 2년 남짓 근무했다. 그리고 얼마 안 돼서 몸이 좀 안 좋다는 소식을 들었다. 다들 그냥 조금 아픈 정도로 생각했다. 입원했다고 해서 병문안을 갔더니 암이라고 했다. 동기는 이미 수술할 단계를 지났다고 말하면서도 비교적 평온한 모습을 보였다. 그는 얼마 뒤 세상을 떠났다.

나는 요즘 전역한 동기들한테 이렇게 말하곤 한다.

"야, 전역하고 뭐니 뭐니 해도 건강이 최고다. 최소한 팔십까지는 건강관리 잘하고 살자. 청춘을 전부 군에서 보냈으니 이제라도 가족들과 행복한 시간 좀 보내야 하지 않겠어?"

위 사례의 유족들을 보면서 그래도 조금이나마 위로가 되는 부분이 있다면, 자식들이 대학을 졸업했다는 것, 그리고 무엇보다 유족들에게 군인연금이 상속된다는 점이다. 군인연금 수급자가 사망 시 가족들에게 유족연금이 지급된다. 유족연금 지급률은 70%(군인연금법 제26조, 부칙 1163호 제8조), 단 2013년 7월 1일 이후 임관자의 지급률은 60%다(출처 : www.mps.go.kr 국군재정관리단, 알기 쉬운 군인연금제도). 이 때문에 유족들은 경제적으로는 큰 어려움 없이 생활할 수 있다.

군인은 군생활을 하는 동안 가족의 경제적 부분을 책임지고, 죽어서도 유족연금으로 가족을 책임진다. 한평생 국가를 위해서 일한 노고를 국가가 기억해주고 그 가족들을 책임지는 것이다. 참 감사한 일이 아닐 수 없다. 이는 직업군인으로 근무한 모든 사람이 느끼는 자부심이기도 하다. 죽어서도 가족을 책임지는 직업군인의 매력, 여러분은 어떻게 생각하는가? 33년간의 군 경험을 통해서 참 감사하게 생각하는 부분이다.

근무하는 동안 불의의 사고로 숨지는 이들을 나는 많이 보았다. 하지만 마음 한편으로 위로를 삼을 수 있었던 건, 바로 유족연금이 매월 지급되기 때문에 남은 가족들이 경제적으로 큰 어려움 없이 살아갈 수 있다는 점이다. 청년 실업자 100만 명 시대, 내 몸 하나 챙기는 것조차 어려워 결혼마저 포기하는 이 현실 속에서 죽어서도 가족들을 책임지는 직업군인이 나는 최고의 직업이라 생각한다.

참고로, 정년퇴직한 군인의 경우 부부가 함께 국립묘지 안장이 가능하다. 아마도 대전국립현충원에 묻힌 준사관 동기도 언젠가 아내가 자신의 곁으로 찾아올 날을 기다리고 있지 않을까 싶다. 자신이 남긴 유족연금, 보훈연금으로 가족들과 잘 생활하고, 생을 마감하는 그날 다시 뜨겁게 재회하길 바라마지 않는다.

Question Thinking ——————————————————

1. 공무원연금과 군인연금, 둘 중 하나를 선택하라면 무엇을 택할 것인가?
2. 내 가족의 미래를 어떻게 책임질 것인가?

눈치 안 보고 3년간 육아휴직을 하는
신의 직장

한국의 출산율이 OECD 국가 중 가장 낮다는 통계는 아직도 변함이 없다. 결혼을 포기하거나 결혼 후에도 자녀를 낳지 않는 가구 수도 점점 늘고 있다.

왜 그런가? 매우 다양한 이유가 있을 것이다. 일단은 여성들이 과거에는 대부분 주부였지만, 지금은 사회에서 왕성한 활동을 하고 있다. 결국 자녀 양육 문제는 여성들의 사회 경력 단절로 이어진다. 더욱이 모성애는 남자들이 쉽게 이해하기 힘들 정도로 강하다. 그러니 남에게 자녀의 양육을 맡기기도 쉽지 않다. 매스컴에서 보도되는 아동 학대의 현장이 종종 어린이 관련 시설인 것도 더더욱 엄마들이 아이의 양육 책임을 자신의 손에서 놓지 못하게 한다.

즉, 결혼도 쉽지 않고 자녀 출산, 양육은 더 어려워지는 현실이다. 그러다 보니 손자·손녀를 키우는 할머니, 할아버지를 일컫는 '할 빠', '할마'라는 유행어까지 생겨났다. 그러나 귀여운 손주를 보는 즐거움은 좋지만, 노후의 시간을 또다시 아이 양육이라는 것으로 모두 보내는 것 역시 또 다른 문제를 일으키고 있다.

결국 아이를 마음 편하게 낳고 양육할 수 있는 시스템이 절실한 요즘이다. 일부 회사는 임신만 해도 노골적으로 퇴사를 종용한다. 이런 식의 문제가 되는 사례가 너무나 흔한 세상이다. 가장 안정적으로 눈치 안 보고 육아휴직을 낼 수 있는 직장, 어디 없을까?

이 문제에 해답을 찾기 위해서 공무원 응시에 여성들이 대거 몰리고 있는지 모른다. 최소한 국가기관은 아무런 눈치 안 보고 편하게 출산휴가를 떠날 수 있으니 말이다. 물론 이것도 부서에 따라 약간 다르겠지만.

그럼 직업군인으로 근무하는 여군들은 어떨까? 여군도 당연히 특정직 공무원이니 국가공무원법을 따르게 된다. 게다가 군인 신분이다! 군 인사법에서도 임신한 여군에 대한 다양한 보호 장치와 육아휴직 제도를 운영하고 있으니, 전혀 걱정할 필요가 없다. 어쩌면 남군들이 부러워할 정도로 임신한 여군에 대한 배려가 있다.

여군은 자녀 1명당 최대 3년까지 휴직이 가능하다. 일반적으로 출산하고 1년 정도 휴직을 하는 경우가 가장 많다. 그리고 만 8세까지 최대 3년간 육아휴직을 사용할 수 있으니, 자녀가 중간에 아프거나, 아이를 돌봐줄 사람이 없는 경우에는 추가적으로 출산휴가를 신청할 수 있다. 다만, 자녀 1명당 그 육아휴직 합산 기간은 최대 3년까지라는 것만 기억하면 된다.

TV 프로그램 중 인기 연예인 아빠들이 육아에 전념하는 프로그램 영향이 참 대단한 것 같다. 그 영향 때문인지, 지금은 육아에 대한 개념이 여성만의 문제가 아니다. 즉, 출산한 아내 대신 남자들 육아휴직 비율도 증가하고 있다. 과거에는 남자들이 육아휴직을 간다면 이상한 눈치를 보냈지만, 이제는 꽤 자연스러워졌다.

부부가 모두 직업군인인 경우, 교대로 육아휴직을 내기도 한다. 대부분 여군이 먼저 1년간 육아휴직을 사용하고, 그다음에 남군이 1년간 육아휴직을 나간다. 결국 육아는 이제 부부가 서로 협력하고, 사회가 시스템으로 뒷받침해주어야만 가능하다.

하지만 아무리 사회적인 시스템이 뒷받침되어도 현실적으로 적용하기란 쉽지 않다. 여전히 여성들의 임신, 출산, 육아휴직은 사회적 이슈가 되고 있다. 직업군인은 육아휴직 1년 동안 육아휴직수당을 받는데 이것은 국가공무원법, 육아휴직수당에 명시되어 있으며, 최저 50만 원, 최대 100만 원까지다. 육아휴직수당은 육아휴직 개시일 기준으로 월 급여의 40%에 해당하는 금액으로 정해져 있다.

내 지인도 늦은 나이에 결혼해서 30대 후반에 첫 아이를 출산했다. 하지만 겨우 3개월 출산휴가를 사용하면서도 빈번히 인터넷으로 회사 업무를 병행하는 것을 보자니 일반 직장인의 육아의 어려움을 새삼 느낄 수 있었다. 결국 3개월이 지나고 나서는 남편이 휴직을 하고 1년간 아이를 양육했다. 지금은 보모 아주머니가 출퇴근을 집으로 하면서 아이를 돌봐주고 있다.

국가에서 제도적으로 잘 만들어놓은 시스템이 현장에 가장 잘 적용되는 곳은 어디일까? 당연히 공무원들의 일터다. 특히 육아휴직 제도의 경우, 군에서는 당연한 것으로 인식되어 있다.

얼마 전 서울에서 몇몇 후배와 모처럼 저녁 식사 약속이 있었는데 반가운 여군 후배가 참석했다. 육아휴직 중이라고 들었던 것 같았는데 복직했냐고 물었더니 얼마 전 복직했단다. 그녀는 말했다.

"육아휴직 이 년을 사용했는데, 시댁에서도 정말 그렇게 오랫동안 휴직을 하고 복직이 가능하냐고 걱정스럽게 자주 물어보셨습니다."

물론 자신도 2년을 쉬고, 휴직 전 보직으로 복직을 하면서 어떻게 적응할지 고민이 많이 되었지만, 막상 복직을 하니 많은 이가 도와주어서 금방 적응할 수 있었다고 한다. 주변의 자기 친구들이 정말 부러워한단다. 그래서 내가 한마디 했다.

"어때? 여군 선택 잘했다고 생각하지?"

"당근이지 말입니다. 세상 어디에 이 년간 육아휴직을 마음 편히 사용할 수 있는 직장이 있겠습니까? 저는 어려울 게 없습니다!"

마지막 말을 그렇게 했지만 왜 어렵지 않겠는가? 하지만 난 안다. 사회의 어떤 직장보다도 아직까지 군인들의 세계에서는 진정한 전우애라는 것이 있음을 말이다. 복직한 후배가 빨리 적응할 수 있도록 도와주는 멘토가 있을 것이고, 어린 자녀 양육을 잘할 수 있도록 또 다른 배려를 해주고 있을 것이다.

이렇게 육아휴직을 눈치 안 보고 할 수 있는 직장이 과연 몇 군데

나 있을까? 사실, 군에서는 여군이 임신하면 일단 당직근무, 보직, 전출 등 많은 부분에서 세심한 배려를 해준다. 그러니 그 어떤 직장보다 임산부에 대한 배려가 높다고 단언할 수 있다.

그래서일까? 매년 여군의 시험 경쟁률은 점점 높아지는 추세다. 더욱이 소수의 인원을 선발하다 보니, 남자들보다 경쟁도 치열하다. 그런 만큼 우수한 자원들만 선발된다.

자, 지금 여군을 지원하고 싶은 마음이 생겼다면 지금부터 충실히 준비해보자. 씨를 뿌리면 거두는 법이다.

Question Thinking ─────────────────────────

1. 마음 편히 육아휴직을 보장한다면 아이를 더 낳을 계획이 있는가?
2. 자녀 양육을 하는 데에서 가장 좋은 직장은 어디일까?

전국 어디든 내가 원하는 곳이 근무지다

성공하는 데에서 가장 중요한 것은 무엇일까? 나는 '인생의 다양한 경험'이라고 생각한다. 최근 기업에서는 기술보다 인성을 강조한다. 더불어 사업을 하는 많은 사람이 관계의 중요성을 이야기한다. 그럼 인성과 관계는 무엇을 바탕으로 쌓아갈 수 있을까? 바로 다양한 경험일 것이다.

하지만 직장인으로서 다양한 경험을 쌓는 것은 결코 쉬운 일이 아니다. 직장에서 주어진 업무에 매달리다 보면 연애할 시간도 없는데 언제 다양한 경험을 쌓을 수 있냐는 볼멘소리가 바로 튀어나온다. 혹자는 말할 것이다.

"계절의 변화도 못 느끼고 사는데 한가하게 무슨 경험을 쌓으라는 얘기냐?"

"오늘도 새벽별을 보고 출근하는 청춘들은 '월화수목금금금'으로 살고 있다는 현실을 알고 하는 소리냐?"

이러한 말에 물론 나는 공감한다. 식전부터 직장에서 상사들 눈치 보느라 얼마나 힘들겠는가? 하지만 잠시 호흡을 멈추고 이 책을 읽은 순간만이라도 마음을 좀 내려놓기 바란다. 주변에서 자신을 부럽게 바라보는 또 다른 사람이 보이지 않는가? 맞다. 아직도 취업 시장의 문을 열심히 두드리고 있는 수많은 취업 준비생이 보일 것이다.

여기서 한번 따져보자.

"시작할 때부터 좀 더 넓은 시각으로 다양한 경험을 쌓을 그런 직장은 없을까?"

이렇게 묻자면 아마도 바로 이런 소리가 들이닥칠 것이다.

"야야! 그런 한가한 소리는 일단 어디든 취직부터 하고 나서 해!"

하지만 인생의 주인공이 바로 나 자신 아닌가. 직장은 단순히 월급을 받기 위해서 다니는 곳이 아니다. 내가 성장하고 발전할 수 있는 그런 소중한 곳이어야 한다. 최고의 직장은 월급을 많이 주는 곳이 아닌 나를 성장시켜주는 곳이다.

그럼 한번 생각해보자. 회사원, 일반직 공무원, 직업군인 중 어느 직장이 내가 원하는 다양한 경험을 해볼 수 있을까? 나는 단연코 직업군인이라고 생각한다. 전국을 돌아다니면서 근무하는 것이 시각에 따라 힘든 일로 느껴질 수도 있다. 하지만 성공이라는 열매는 당연히 노력과 고통이 따라야만 얻을 수 있다. 옛말에 젊어서 고생은 사서도 한다고 했다.

자, 그럼 만약 여러분이 직업군인이 된다면 어떻게 될까? 좋을 수도, 싫을 수도 있지만 전국을 무대로 다양한 경험을 쌓아가면서 근무할 수 있을 것이다. 어떤 일을 하든 전국의 지도가 머릿속에 그려진다면 얼마나 좋을까? 대한민국은 지역마다 다양한 특색과 전통이 있다. 그래서인지 구수한 사투리 속에 묻어나는 그 지역만의 정서가 매우 색다르다. 이러한 다양성을 이해하는 것은 성공을 꿈꾸는 사람에게는 큰 장점이 될 수 있다.

내가 꿈꾸는 목표를 이루기 위해, 원하는 지역을 선택해서 근무할 수 있는 직장이 과연 얼마나 될까? 바로 그중 하나가 직업군인이다. 부사관의 경우 2년이 지나면 새로운 근무지로 전출을 갈 수 있다.

나는 가족에게 미안하지만 계산을 해보니 33년간 18회 이사를 했다. 그 덕분에 지금은 누구하고 이야기를 나누어도 대략, 해당 지역이 눈에 그려진다. 이것도 나만의 큰 장점이다. 남들이 추측으로 말할 때 난 감성으로 그것을 이해할 수 있다. 왜냐하면 해당 지역의 정서를 알기 때문이다.

물론, 그렇게 이사를 하는 동안 마음 아픈 일도 많이 있었다. 아들이 중학교 2학년 때 서울에서 경상남도 진해로 이사를 했다. 그런데 어느 날부터 아들이 경상도 사투리를 쓰기 시작했다. 나는 놀라서 물었다.

"대성아, 왜 갑자기 사투리를 쓰냐?"

"아버지, 저도 살아야죠. 학교 가면 친구들이 서울말 쓴다고 재수 없다고 해요. 여러 번 싸우기도 했는데, 그냥 사투리 쓰려고요."

순간 할 말이 없었다. 아들은 학교에서 저렇게 적응하느라고 힘든데, 부모가 되어서 내가 몰랐구나 싶었다. 결국 나는 이런 말을 고작 뱉었다.

"그럼 학교에서는 사투리 쓰고, 집에서는 가능하면 쓰지 말아라."

지금은 아들이 이렇게 말한다.

"아버지 덕분에, 전국을 돌아다니면서 살았던 것 덕분에, 학교에 적응하기는 힘들었지만 친구들보다 많은 경험을 할 기회가 되었죠. 그게 저한테는 큰 도움이 되었어요."

돌이켜보니, 전라도, 경상도, 충청도, 경기도, 제주도, 섬까지 참 다양한 곳에서 근무했다. 이렇게 봄이 올 때면 추자도의 노란 유채 꽃이 가장 먼저 떠오른다. 그 꽃이 지고 나면 진해의 군항제 벚꽃 축제의 시작이다. 글을 쓰는 중에도 남들이 잘 모르는 동네 구석구석 아름다운 벚꽃 길들이 떠오른다.

군인들의 잦은 이사를 나는 긍정적으로 생각한다. 물론 아이들 교육을 위해서 주말부부를 하는 사람들도 많다. 하지만 진정한 교육이란 무엇일까? 획일적인 공부보다 다양한 경험에 노출시켜주는 것이 훨씬 더 좋은 교육이라 생각한다.

미국은 군인들에게 정말 다양한 혜택을 제공한다. 그중 하나가 전 세계 미군 기지 어디서든 근무할 수 있도록 해주는 것이다. 가끔 훈련을 하면서 만나는 주한 미군들에게 왜 직업군인을 희망했느냐고 물어보면, 전 세계를 돌아다니면서 근무할 수 있는 특별한 직업이기

정보통신학교 교관 시절 교육생 수료식 기념 촬영

군인권 교관 교육 중 팀원들과

때문이라고 대답들을 했다. 나는 정말 공감했다. 만약 나도 그런 기회가 있다면 당연히 지원하고 싶었다.

직업군인으로 자신이 꿈꾸는 것이 있다면, 그러기 위해서 보직을 이동해야 한다면 언제든 가능성이 열려 있다. 저 멀리 해외 파병을 갈 수도 있고, 유학을 신청할 수도 있고, 특별히 공부하고 싶은 대학이 있다면 가까운 부대로 전출을 갈 수도 있다. 전국에 부대가 있기 때문에 가능한 것이다.

나는 해군 출신이지만 특별히 삼군이 함께 근무하는 부대에 오래 근무했다. 그 덕분에 누구보다 삼군의 특성을 잘 알고 그들의 문화도 잘 이해한다. 이는 직업군인 컨설턴트로서 최고의 강점을 갖는 원동력이다.

세상은 도전하는 사람의 몫이다. '내가 어디에 있는가?'가 중요한 게 아니라, '내가 어떤 꿈에 도전하는가?'가 중요하다. 프랑스의 소설가 폴 부르제는 말했다.

"생각하는 대로 살지 않으면, 사는 대로 생각하게 된다."

Question Thinking ————————————————————

1. 내가 근무하고 싶은 도시는 어디인가?
2. 어떻게 다양한 경험을 쌓을 것인가?

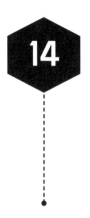

휴가철, 직업군인은
군인 전용 휴양소·콘도로 간다

　휴가철이 다가올라치면 '적은 비용으로 좀 더 쾌적한 곳에서 어떻게 알찬 휴가를 보낼 것인가?'를 궁리하게 마련이다. 이는 직업군인 가족도 별반 다르지 않다. 다만, 차이가 있다면 직업군인에게는 그야말로 저렴하고 안전하고 쾌적하게 휴가를 꾀할 수 있는 여건이 주어진다는 것이다. 이는 전국에 있는 군인 전용 휴양소 덕분이다.

　매년 여름마다 가장 많은 피서객이 몰리는 곳은 단연 동해 바닷가이다. 그중에서도 깊은 바닷속까지 훤히 보이는 망상해수욕장이다. 해군은 망상해수욕장 근처에 군인 가족들을 위한 별도의 망상하계휴양소를 여름에만 한시적으로 운영한다. 해군이 운영한다고 해서, 해군 가족들만 이용 가능한 것은 아니다. 군인 가족이면 누구나 사전에 신청하여 사용할 수 있다. 드넓은 바닷가에 별도로 천막동을 설치해서 안전하게 운영하는데, 각종 편의 시설·안전 시설이 다 갖추어져 있기 때문에 여름휴가 시즌에는 최고로 인기가 좋다. 물론 동해안에는 이 외에도 군인 전용 휴양소가 몇 군데 더 있다.

사실, 유명한 휴가지라면 그 어디든 원하는 날짜에 방을 잡기란 쉽지 않다. 당연히 군인 전용 휴양소 역시 숙박 인원, 투숙 날짜를 정하고 빠르게 움직여야 한다. 인기 있는 곳은 사람이 몰리기 때문에 선점하는 것이 중요하다.

여름에만 한시적으로 운영하는 전국의 각 부대 휴양소 정보를 잘 이용하면 자녀들에게 멋진 부모, 멋진 배우자가 될 수 있다. 물론 모처럼 처가나 시가, 본가나 친정 식구들까지 초대해서 함께 가면 여름휴가 한 번으로 최고의 존재감을 뽐낼 수도 있다.

나의 경우, 대전에 근무할 때는 종종 대천콘도를 이용했다. 여름이면 머드팩 축제로 대천해수욕장은 그야말로 외국인까지 인산인해를 이룬다. 아마 눈살을 찌푸릴 정도로 바닷가가 난잡해지고, 밤이면 고성방가에, 비싼 물가로 모처럼의 휴가를 망치고 온 경험들이 있을 것이다. 이 대천해수욕장 바로 옆에 군인 가족들만 이용할 수 있는 대천콘도가 있다. 콘도 시설도 좋지만 여름에만 운영하는 솔밭 캠프장이 나는 더 좋다. 군인 가족들이 이용할 수 있도록 텐트동을 설치해서 저렴하게 운영하고, 개인 텐트를 사용할 수도 있다. 무엇보다 군부대 시설이라 안전하고 깨끗하다. 근처의 대천해수욕장과는 비교도 안 된다. 참고로 대천콘도는 겨울바다 여행지로도 참 좋은 곳이다.

군생활을 하는 동안 아마도 전국의 군인 전용 휴양소를 전부 다녀볼 수는 없을 것이다. 그만큼 군인들만 갈 수 있는 다양한 휴양소가 곳곳에 준비되어 있다. 그 수많은 군인 전용 휴양소를 매년 하나씩 방문하는 재미가 있다는 점 또한 일반직 공무원보다 직업군인이 더 좋은 또 하나의 장점이 될 것이다. 돈만 들이면 누구나 갈 수 있는 그런 곳이 아닌, 군인 가족들만 이용할 수 있는 차별화된 곳이니까 말이다.

그 외, 일반직 공무원이 누릴 수 없는 직업군인만의 또 다른 혜택이 있다. 바로 전국의 국군복지단에서 운영하는 모든 콘도를 회원 자격으로 이용할 수 있다는 점이다. 이 혜택은 직업군인 본인에게만 해당되는 것이 아니다. 바로 본인의 직계가족 및 배우자의 직계존속까지 가능하다. 국내 유명한 콘도 대부분을 이용할 수 있는데, 이에 관한 좀 더 구체적인 정보는 국군복지포털(www.welfare.mil.kr)을 통해 확인할 수 있다. 사실, 콘도 회원권을 일반 개인이 구입하기란 쉬운 일이 아니다. 보통 수천만 원 이상 하기 때문이다. 직업군인은 국군복지단에 계약된 그러한 콘도 대부분을 회원 자격으로 이용할 수 있다.

한 가지 더, 군인들만 이용할 수 있는 군 전용 콘도도 있다. 이는 정말 산 좋고 물 좋은 곳에 위치한 군인들만을 위한 휴양 시설이다. 이것도 국군복지포털에 자세히 공지되어 있다. 직업군인이라면 여름휴가 시즌, 겨울 스키 시즌에 최소한 숙박 문제로 고민할 염려가 없다. 본인은 물론 부모님들까지 말이다.

몇 년 전 미국에 거주하는 누님이 한국을 방문했다. 그런데 다른 누님들과 의기투합하여 갑작스레 제주도 여행을 감행하면서 콘도 예약을 부탁했다. 나는 급히 항공권을 예약하고 제주도 군 전용 콘도를 확인한 뒤, 숙박 가능한 제주도 해군호텔을 알아보았다. 문제는 내가 따라갈 수 없다는 것이었다. 다행히 큰누님 아들도 군인이어서 바로 제주도 해군호텔을 예약했다. 호텔 체크인을 할 때 신분 확인을 위해 주민등록등본 그리고 조카 신분증을 복사해 가지고 갔다. 그 덕분에 누님들은 갑작스런 제주도 여행을 저렴하게 아주 편안히 잘 다녀왔다.

가끔 지인들이 자기도 해줄 수 없냐고 부탁하는데, 불가능하다.

동해안 군 하계휴양소

모든 것이 전산으로 조회가 되기 때문이다.

또한 군인들 중 혹시 골프를 좋아한다면 국군복지단에서 운영하는 체력단련장을 이용하면 된다. 이것을 군에서는 군골프장이라고 한다. 골프장 회원권은 군이 설명하지 않아도 그 값을 짐작할 것이다. 그러한 군골프장이 전국에 있다. 휴일에는 경쟁이 다소 치열하기에 대부분 휴가를 이용해서 골프를 즐긴다. 좀 더 자세한 사항을 알고 싶다면 국군복지포털 홈페이지를 클릭하자.

군에서는 왜 이렇게 다양한 복지 시스템을 운영할까?

잠깐 미국의 이야기로 빠져보자. 미국은 우리보다 훨씬 더 다양한 시스템을 구축하고 있다. 혹시 이런 이야기를 들어본 적 있는가? 미군 부대의 고기를 먹어보니 정말 맛있다고……. 이는 사실이다. 미군에게 공급하는 모든 소고기는 미국 내 생산육 중 최고 등급이다. 이것은 군인을 예우하는 미국의 단면이다. 미국인들은 자신들을 대신해서 국가를 지켜주는 군인들을 예우하는 것을 당연하게 여긴다.

복지 시설 역시 이와 같은 맥락이다. 군인들이 잘 쉬고, 잘 충전해야만 유사시 목숨 걸고 전투에 임할 수 있다. 이를 충족해주는 것이 바로 국군복지단의 임무다. 요컨대 군인의 복지 시설 운영은 휴식과 체력 단련, 이 두 가지 목적 때문인 것이다.

거듭 강조하지만, 일반직 공무원보다 직업군인으로서 누릴 수 있는 혜택의 아주 큰 부분이 바로 국군복지단 회원 자격이다. 정년퇴직한 연금 혜택자들에게도 이것은 아주 중요한 혜택이다. 보통 주말에는 사람들이 너무 많이 몰리는 만큼, 한가한 주중에 전국의 휴양소를 여유롭게 다니며 또 다른 인생의 즐거움을 누리기도 한다.

향후 직업군인이 된다면 국군복지단에서 운영하는 전국의 휴양소 및 콘도를 마음껏 이용해보기 바란다.

참고로, 직업군인들의 연중 휴가는 21일이다. 배달의 민족만큼 자유롭다고 할 수는 없지만 긴급한 상황이 아닌 이상, 본인이 원하는 날짜에 휴가를 사용할 수 있다. 그러다 보니 한 번에 길게 잡아서 해외여행을 다녀오는 이들도 점차 늘고 있다. 과거에는 해외여행 절차가 까다로워 쉽게 이용하기 어려웠으나 지금은 자유롭다.

게다가 요즘은 휴가를 사용하도록 독려하고 있다. 21일 연중 휴가를 다 사용하지 못한 경우에는 연말에 연가보상비를 지급한다. 이는 말 그대로 너무 바빠서 휴가도 못 가고 일한 사람들에게 주는 보상이다.

일반 직장인들이 쉽게 휴가를 사용하지 못하는 것을 빈번히 보는데, 이런 점에서 휴가 문화는 군대가 더 좋다. 자신이 필요한 시간에 언제든 21일 휴가를 쓸 수 있는 군대, 일반 회사의 그 어떤 복지 시설보다 다양한 것을 준비해두고 휴가 사용을 독려하는 군대! 이 정도면 최고의 직장 아닐까?

Question Thinking ─────────────────────────────

1. 나만의 차별화된 여름 휴가지는 어디인가?
2. 나만의 콘도가 준비되어 있는가?

군에서 제공하는 선택적 보험으로
가족의 병원비도 책임진다

  국가는 직업군인과 가족의 병원비를 책임지기 위한 제도를 만들었다. 이것이 얼마나 큰 혜택인지는 경험한 사람만이 알 것이다.

  이 시대를 살아가면서 필수적으로 챙겨야 하는 것이 있다면 바로 보험이다. 운전하는 사람은 누구나 자동차보험을 들었을 것이다. 무엇 때문인가? 바로 언제 벌어질지 모를 자동차 사고로부터 나를 보호하기 위함이다. 우스갯소리로, 보험은 사용하기 위해 가입하는 것이 아니라 사용하지 않기 위해 가입하는 것이다. 아마도 이런 속성 때문에 보험사는 망하지 않을 것이다.

  그런데 이제 자동차보험이 문제가 아니다. 너나없이 실손보장형 보험, 생명보험, 암보험, 종신보험 등 수많은 보험을 홈쇼핑에서 가입하는 시대다. 누구나 아프면 병원에서 돈 걱정 없이 치료받고 건강하게 오래 살고 싶어 한다. 하지만 보험료가 비싸기 때문에 가입하고 싶어도 망설여지게 되는 것이다.

'내가 건강하면 되지, 일 년에 감기 한 번 안 걸리고 병원 한 번 안 가는데 아깝게 보험 들 필요가 있나?'

이렇게 생각하면서도 왠지 모르게 보험 이야기만 나오면 가슴이 답답해지는 것도 사실이다. 특히나 직업군인들의 경우는 더욱 그러하다. 소위 모든 보험사가 회피하는 위험직종에 해당하기 때문이다. 과거에는 조종사, 함정 근무자, 잠수함 승조원 등 조금이라도 위험한 곳에 근무하면 보험 가입이 안 되었다. 그럼 군인들은 아프면 보험 가입도 안 되는데 치료비는 어떻게 할까? 물론 일차적으로 군병원이 최신 시설이다. 이것은 현역 군인의 경우 무료이니 치료비 걱정은 없다.

그럼 군병원에서 치료가 안 되는 경우는 어떻게 해야 할까? 바로 이런 경우를 위해 군인 가족들까지 병원비 걱정이 없도록 준비해두었다. 직업군인들의 이러한 어려움을 해결하고자 정부 차원에서 군인들을 위한 별도의 보험을 운영하고 있다. 1년 단위로 '맞춤형복지 단체보험'을 국내 대형보험사와 별도로 계약해서 운영하고 있는 것이다. 그냥 편하게 개인들이 가입하는 실손보험이라고 생각하면 된다.

그럼 보험료는 누가 낼까? 당연히 국가가 부담한다. 그동안 여러 제약으로 직업군인들이 보험 가입을 하지 못해서, 갑자기 병원에 입원하는 경우 치료비 부담이 많았던 것이 사실이다. 그런데 이제 그런 걱정이 말끔히 사라졌다. 게다가 배우자 및 20세 미만 자녀의 입원의료비까지 함께 책임지고 있다. 그동안 보험 가입이 안 되어서 불안했던 군인 가족들에게 얼마나 큰 혜택인지 모른다.

대전 근무 시절의 일이다. 사무실에서 서류를 보고 있는데 갑자기 모든 사물이 두 개로 보이기 시작했다. 눈을 비벼보아도 증상이 계속되어서 한쪽 눈을 감자 그제야 정상으로 보였다. 한쪽 눈으로 보면 정상인데, 두 눈으로 보면 물체가 두 개로 보이다니!

할 수 없이 근처에 있는 대전지구병원 안과를 방문했다. 그런데 바로 충남대학교병원으로 가라고 했다. 덜컥 겁이 났다. 무슨 큰 병인가 싶어서 말이다. 의료 상식이 없는 사람에게 큰 병원을 가보라는 말처럼 무서운 말도 없다.

늦은 시간인지라 일단 집에서 자고, 다음 날 충남대학교병원을 방문했다. 아침에 직접 운전을 하고 갔는데 조금 불편해도 운전은 할 만했다. 그런데 의사가 이 상태로 운전을 하고 왔다며 다짜고짜 혼을 냈다. 지금 상태가 얼마나 위험한 줄 아느냐, 이 상태로 운전은 절대 안 된다며 바로 입원시켰다. 정말 큰 병에 걸렸다 싶었다.

다음 날부터 검사를 시작하는데 매 검사마다 의사들이 물어봤다. 이건 의료보험이 안 되지만 꼭 필요한 검사 항목인데 가격이 비싸서 환자 동의를 받아야 한다고 말이다. 그래서 나는 딱 한마디 했다.

"검사비가 삼천만 원 넘을 것 아니면 물어보지 말고 선생님께서 필요하다고 판단하신 검사 전부 해주세요."

당시만 해도 실손보험이 많이 활성화되어 있지 않았는데 내가 무슨 배짱으로 이렇게 말했을까? 바로 군에서 제공하는 맞춤형복지 단체보험 덕분이었다. 그렇게 일주일간 각종 검사를 다했지만 특별한 이상이 발견되지 않았고 서서히 정상으로 돌아왔다. 진단 결과 뇌신경 6번 일시마비 증상이라고 했다. 그 덕분에 각종 필요한 검사는 다 했고, 지금까지 건강하게 잘 살고 있다. 물론 병원비는 군에서 제공하는 보험으로 해결했다.

실제로 병원에 입원하고 보니 보험의 중요성을 절감했다. 막상 그런 보험이 없었다면 어땠을까? 각종 검사는 해야 하는데 병원비가 없다면? 이 책을 읽는 독자 여러분은 그런 일이 없기를 바란다. 정말 1년에 병원 한 번 안 가는 입장에서 보험료는 아깝지만 그래도 꼭 필요한 보험은 반드시 있어야 한다.

직업군인들에게 '맞춤형복지 단체보험'은 현역으로 근무하는 동안 병원비 걱정을 안 하게 해준다. 이는 정말 큰 혜택이다. 물론 가족들까지 말이다. 생각해보라. 병원에 입원해서 누구는 병원비가 걱정되어 전전긍긍하고 있고, 누구는 마음 편하게 치료에만 전념할 수 있다면? 직업군인으로 근무하는 동안 본인과 가족들의 의료비를 해결해주는 것 역시 직업군인만의 또 다른 매력이 아닐 수 없다. 이 또한 일반직 공무원보다 직업군인이 좋은 이유다.

군대에서 군인들에게 이러한 복지 혜택을 제공하는 가장 큰 이유는 단 하나다. 직업군인으로서 가족들까지 평소 건강한 삶을 유지해야만 국가의 위기 상황에서 마음 놓고 국민들의 안전보장을 책임질 수 있기 때문이다. 늘 건강한 체력을 유지하도록 지원하는 직장, 당신은 어떻게 생각하는가?

Question Thinking ————————————————————

1. 가족들에게 가장 필요한 보험을 어떻게 준비할 것인가?
2. 당신과 가족의 의료비를 책임지는 직장을 어떻게 생각하는가?

장기복무자 선발, 소형차를 걸어라

부모님에게 당당하게 차를 사달라고 하는 자식, 여러분은 어떻게 생각하는가? 나는 당연하다 생각하고, 당장 사주라고 말한다. 왜 그런가? 재산이 많아서, 집안일을 많이 도와줘서가 아니다. 이에 관한 이유 설명을 위해 일화 하나를 소개해볼까 한다.

어느 날 친한 동기 하나가 횟집에서 소주 한잔하자며 나를 불러냈다. 그는 느닷없이 아들 녀석이 차를 사달라고 하는데 어찌하면 좋겠냐고 물어왔다. 자세한 사연을 들어보니 대략 이랬다.

고등학교 다니면서 공부도 안 하고 이른바 좀 놀던 그런 아들이었다. 당연히 대학은 안 가겠지 했는데 불쑥 전문대학에 입학했고, 겨우 한 학기 다니더니 바로 휴학을 했다. 그는 앞으로 뭘 할 것인지 아들에게 물었지만 대답이 없기에 이렇게 말했다.

"그럼 차라리 군생활이나 해봐라. 일단 해보고 적성에 안 맞으면 그만두면 되니까. 어차피 남자가 군대는 갔다 와야 하는 거고."

그렇게 그의 아들은 부사관 지원을 했다. 처음에는 적응을 잘 못하고 방황했다. 그러다 3년차가 되더니 갑자기 무슨 바람이 불었는지 군생활을 제대로 한번 해보겠다고 결의했다.

"지금까지 군생활을 대충 해놓고 장기복무가 가능하겠냐?"

"그럼 아버지 저 장기복무자 선발되면 소형차 한 대 사주세요!"

"오냐! 어디 한번 보자."

그런데 정말 떡 하니 장기복무자로 선발되었고, 졸지에 차를 사줘야 할 판이 된 것이다.

"네 아들이 장기복무자 선발로 직업군인 되었으니 좋은 거잖아."

"그거야 그렇지. 이제 정년을 보장받는 정규직이 되었으니 모든 것은 본인이 알아서 하겠지."

"가자!"

"어딜?"

"어디긴 자동차 계약해야지. 소형차 뉴모닝 한 대 사줘라. 그래봐야 천오백만 원 정도밖에 안 한다. 너 그래도 충분히 남는 장사야. 봐라. 일단 대학교 학자금 안 들어가니 그것만 해도, 기본 오천만 원 절약되지. 그리고 결혼도 이제 아들이 알아서 할 것이니, 결혼 비용 계산은 안 해봤지만 남자들이 결혼할 때 하는 가장 큰 고민이 뭔지 아냐? 바로 전세방 얻는 거야. 그런데 군에서 관사 제공하니 그런 걱정

안 해도 되지. 뭐가 문제야? 자, 술 그만 마시고 빨랑 일어나, 차 계약하러 가게!"

동기는 나의 이야기를 듣더니, 실소를 터뜨렸다. 그날 동기는 정말로 즉시 소형차를 계약했다. 다만, 아들의 나이가 어려서 보험료가 많이 나오는 문제 때문에 차 계약은 동기 이름으로 했지만 말이다.

이 일화를 읽고 어떤 생각이 드는가? 사회에 혹 이런 직장 있을까? 부모라면, 아들에게 꼭 소형차 한 대 선물해주기 바란다. 젊은 독자라면 '아! 나는 언제 저렇게 당당히 부모님께 차 한 대 사주세요 할 수 있을까?' 하며 막연히 부러워할 필요 없다. 직업군인의 길을 가면 되니까 말이다.

매일같이 공무원 학원에서 눈치 보며 공부하고, 속 타는 마음 소주잔으로 달래고, 그것도 안 될 때는 담배 연기만 자욱한 흡연실에

사무실 전우들과 함께

서 동료애를 느끼고 있는가? 그렇다면 냉철히 현실을 한번 돌아보자. 부모님, 이성 친구에게 당당할 방법을 따져보자.

나도 군생활을 하기 전에는 얼마나 방황하고 또 그러면서 불확실한 미래를 얼마나 많이 원망했는지 모른다. 그런데 불행히도 누구하나 알려주지 않았다. 이런 길이 있다는 사실을 말이다. 지난날 중·고등학교 시절, 학교에서 전문 직업인을 초청해 미래의 진로를 생각해보게 짚어주는 행사가 있었다면 얼마나 좋았을까? 당시에는 그런 시간이 없었다.

아직도 경제적인 이유로 진로를 고민하는 청소년들이 많다. 나의 딸이 다니던 고등학교에서 전문 직업인 학부모 초청 진로캠프를 열었는데, 당연히 직업군인으로서 자원 봉사에 참여했다. 생각보다 많은 청소년이 직업군인에 관심을 보였다. 친구의 아빠라서 더 친근감을 느꼈던 것인지는 모르겠다. 남녀공학이었는데 질문은 여학생이 더 많이 했다.

실상, 최근에는 여군 지원자가 점점 늘어나는 추세다. 모집 인원이 적다 보니 남자들보다 경쟁률이 좀 더 높다. 또한 청소년들이 직업군인에 관심을 갖는 비율도 점점 높아지고 있다. 고등학교를 졸업하면 바로 성인이다. 주민등록증을 들고 성인식을 한다고 몰려다니던 딸아이 모습이 떠오른다. 그것보다 중요한 것은 이제 성인으로서 자신의 인생은 자신이 책임져야 한다는 사실이다.

대학을 진학하든 바로 직장생활을 하든, 선택은 바로 여러분의 몫이다. 이 중요한 시점에서 한 번 더 생각해보길 바란다. 과연 어떤 직업을 선택하면 부모님께 당당하게 차를 사달라고 요청할 수 있을 것인가? 혹시 진로를 두고 고민하는 청소년들이 있다면 대학 진학에 앞서 우선 직업군인이 되라 말하고 싶다.

앞서 수차례 언급했지만 직업군인은 대학 학자금 지원을 해준다. 그러니 장기복무자 선발이 되는 날, 바로 부모님께 당당히 차 한 대 사달라고 하라. 그리고 그 차를 몰고 대학을 다니면 된다. 부모들은 흔쾌히 차 한 대 사주시기 바란다. 그래도 충분히 남는 장사이니까 말이다.

Question Thinking ————————————————————

1. 언제 마이카의 주인공이 될 것인가?
2. 언제 부모님, 이성 친구에게 당당할 수 있을까?

직업군인은 시댁에서 최고 대우를 받는다

여자들은 결혼하면 시금치도 안 먹는다는 말이 있다. 이는 시댁에 대한 불편한 감정을 농담 반 진담 반으로 드러내는 쓸쓸한 우스갯소리가 아닐 수 없다.

이쯤에서 여성들의 사기를 한껏 올려줄 이야기를 해볼까 한다. 알고 있는가? 그 무시무시한 시부모들이 여군들을 업어서 극진히 모셔 간다는 사실을 말이다.

'유리천장'이라는 말이 있다. 지식백과에는 '여성과 소수민족 출신자들의 고위직 승진을 막는 조직 내 보이지 않는 장벽을 뜻하는 말'로 정의되어 있다. 눈에는 보이지 않지만 결코 깨뜨릴 수 없는 장벽이 우리 사회의 능력 있는 여성들의 진출을 막고 있는 불합리한 상황! 이는 사실 어제 오늘 일이 아니다.

하지만 군대는 이러한 차별이 없다. 굳이 엄밀히 말하자면 여군이 받는 차별은 따뜻한 차별, 즉 여군으로서 배려를 받는 정도다.

지난날 군대가 남자들의 세계였다면 지금은 여군들의 세계인 것 같다. 2017년에는 육군사관학교가 개교한 이래 처음으로 1등, 2등, 3등을 모두 여군이 차지해서 신문에 크게 보도된 바 있다. 매스컴에서는 '바야흐로 육사가 여인천하가 되었다'고 표현했다.

부사관의 사정도 다르지 않다. 일단 부사관 모집의 경우를 한번 살펴보자. 병무청 또는 각 군의 인터넷 홈페이지를 방문해서 모집 비율을 확인해보면 남군 대비 여군의 모집 인원은 특기별로 아주 적은 인원만 모집한다. 그러다 보니 후반기 교육을 받을 때 남군, 여군이 같이 교육을 받으면 대부분 여군이 상위 성적을 유지한다. 그도 그럴 것이 일단 입대 당시부터 경쟁률이 남군 대비 2, 3배가량 높다. 자연히 남군보다 우수한 자원들이 들어올 수밖에 없는 구조인 것이다.

내가 교관으로 근무할 당시, 여군들을 제법 많이 교육시켰다. 2013년 12월 1일, 해군 역사상 첫 여군 상사로 진급한 이난이 상사가 있다. 내가 중급반 교육을 시켰는데 당연히 1등으로 수료했다. 내가 기억하기에 그 친구 별명이 스캐너일 정도로 모든 교육 내용을 스펀지처럼 잘 기억하고 이해했다. 정말 똑똑한 후배였고, 열정이 가득한 유능한 후배였다. 지금은 이런 다재다능한 여군들이 각 군에서 맹활약하고 있다.

가끔 이런 질문을 하는 사람도 있다.

"여군도 결혼하나요?"

물론이다. 다만, 요즘은 대한민국의 모든 청년처럼 부모나 주위의 성화에 아랑곳없이 자유의사에 따를 뿐이다. 출산율이 떨어지는 것이 아니라 결혼 적령기의 청년들이 결혼을 늦게 하는 것이다. 여군들도 마찬가지다.

몇 년 전, 여군 중사인 후배가 결혼한다며 청첩장을 보내왔다. 후반기 교육을 수료시키고 자주 보지 못한 후배라 전화 통화를 했다. 결혼할 상대는 병원에 근무하는 중이고, 시부모는 공무원이라고 했다. 부산에서 신혼집을 구하려고 하는데 전셋값이 너무 높아서 고민이라고 했다.

사실, 결혼하는 사람들 입장에서 가장 힘든 것이 신혼집을 구하는 것이다. 아울러 정말 남자 입장에서는 더욱더 그렇다. 아들이 장가간다고 하면 괜스레 부모님은 걱정이 앞선다. 혹시라도 전셋집을 구하는 데 보태달라고 하면 얼마나 보태주어야 하는지, 통장을 확인해보면서 말이다. 안 되면 살고 있는 집 담보대출이라도 받아주어야 하는지 이런저런 고민이 되는 게 부모 마음 아니겠는가.

젊은 후배의 고민이 나에게까지 전해져와 마음이 아팠다. 그런데 며칠 뒤 후배로부터 반가운 소식이 왔다. 부산에 군 관사를 새로 건립했는데 자신도 28평 새 아파트로 들어갈 수 있게 입주 승인을 받아냈다는 것이다. 당연히 나는 내 일처럼 반색하며 축하해주었다.

자, 여기서 시부모 입장이 되어보자. 아들이 신혼집을 못 구해서

발을 동동 구르고 있는데, 예쁜 며느리가 새 아파트를 준비해서 시집을 온다? 어떨 것 같은가? 만약 그 후배가 여군이 아니었다면 이런 일이 가능했을까? 그 시부모 입장에서는 얼마나 그 며느리가 예쁠까? 최고의 대우가 아니라, 필요한 모든 것을 다 해주고 싶었을 것이다.

후배에게 좋은 소식을 전해 듣고 나는 그녀에게 농을 건넸다.

"집은 신부가 장만했으니, 살림살이는 신랑한테 준비하라고 해라."

"선배님, 당연한 거 아닙니까?"

그 후배는 지금까지 그 아파트에서 아이 낳고 행복하게 잘 살면서 성실히 근무하고 있다. 물론 여전히 시집살이라는 단어도 모른 채 말이다. 그 후배야말로 여군으로서 최고의 혜택을 받고 산다고 할 수 있겠다.

이처럼 군대는 남녀의 차별이 없다. 모든 복지 혜택을 공평하게 제공받는다. 여기에 유리천장이란 도무지 끼어들 수 없다.

혹시 이 책을 읽고 여성으로서 직업군인에 도전하고 싶은 마음이 든다면, 부모로서 우리 딸도 여군으로 보내면 어떨까 하는 생각이 든다면, 당장 병무청 홈페이지를 접속해보기 바란다. 지금 국방부는 여군에 대한 인원 비율을 지속적으로 늘려가고 있다. 하지만 문제는 아직도 매년 선발하는 인원 대비 지원자가 넘친다는 사실이다. 그러나 지레 걱정할 필요는 없다. 간절히 준비하고 도전하는 자는 자신이 원하는 것을 반드시 이룰 테니까 말이다.

시댁의 입장에서 보면 며느리가 군 관사를 사용할 수 있도록 해주는 일만 고마운 것이 아니다. 군인으로서 누릴 다양한 복지 혜택 전부를 가족들도 누릴 수 있다. 거기에 정년이 보장되는 공무원 신분, 연금 혜택까지 있다. 그야말로 시부모 입장에서 여군을 며느리로 맞이하는 것은 아주 큰 행운이다. 그러다 보니 여군들이 결혼 적령기가 되면 서로 며느리 삼으려고 요즘은 중매쟁이들이 줄을 선다고 한다. 이 얼마나 여자들 입장에서 행복한 고민인가!

Question Thinking

1. 여군에 지원하면 내 인생은 어떻게 변할까?
2. 집 장만을 해서 시집온다면 남자 쪽에서 어떤 반응을 보일까?

직업군인이
1등 신랑감 후보인 이유

　2016년, 인기리에 방영된 드라마 〈태양의 후예〉. 극중인물 유시진 대위, 서대영 상사를 보면서 국내 여성들뿐만 아니라 저 멀리 해외 여성들까지 대한민국 군인 신드롬에 빠진 듯했다. 또한 영화 〈연평해전〉 등이 대거 흥행하면서 우리 직업군인들에 대한 호감이 급상승한 것 같다.

　이런 분위기에 편승한 탓일까? 실제 직업군인이 1등 신랑감으로 각광받고 있다. 왜 그런가? 지금부터 그 현실적 이유를 살펴보자.

　요즘 미혼 여성들은 과연 어떤 남자를 결혼 상대자로 생각할까? 결혼 적령기를 다소 넘긴 미혼 여성들은 사석에서 농담 반 진담 반으로 말한다.

준사관 임관식

"주변에 남자가 없어. 결혼하고 싶은 남자는 다 유부남이야."

그들이 말하는 유부남 중에 직업군인이 꽤 비율을 차지한다고 나는 생각한다.

대학교 2학년생인 내 딸에게 나는 가끔 짓궂은 질문을 한다.

"혜진아, 넌 결혼 안 하고 아빠랑 살 거지?"

보통 아빠가 이런 질문을 하면 "당연하지, 난 아빠랑 살 거야"라고 대답해줄 법도 한데, 내 딸은 살살 웃기만 한다. 그 모습을 볼 때마다 나는 '아무래도 이 녀석이 시집을 빨리 가려나 보다' 하고 마음 편히 생각한다. 그러다 보면 생각은 이내 내 딸에게 걸맞은 신랑감으로 확장된다. '어떤 녀석이 사윗감으로 좋지?', '무엇을 기준으로 결혼을 승낙해야 할까?' 하며 상상의 날개를 마구 펼쳐본다. 또 그러다 이내 우려의 생각으로 빠져버린다.

'요즘 이혼하는 가정이 날로 늘어난다는데 우리 딸은 과연 문제 없이 결혼생활을 잘할 수 있을까? 좋은 신랑 만나야 할 텐데……'

이는 딸을 가진 부모라면 누구나 하는 생각일 것이다. 결혼하는 이유는 사랑하는 사람과 더불어 인생을 좀 더 행복하게 살기 위해서다.

자, 그럼 이제부터 바람직한 신랑감으로서 직업군인의 장점을 한 번 따져보자.

첫째, 직업군인은 건강하다.

직업군인은 1년에 한 번씩 꼭 건강검진, 체력 측정을 통과해야 한다. 그래서 특별한 일이 없는 한 보통 오후에 한 시간씩 체력 단련을 한다. 유사시 가장 먼저 위험한 지역에 투입될 때 무엇보다도 강인한 체력이 요구되니, 어쩌면 당연한 일이다. 그렇게 드라마 〈태양의 후예〉 극중인물들처럼 근육질 몸을 만들어놓고 직업군인들은 정년퇴직하는 그날까지 언제나 건강한 체력을 유지한다. 물론 현실적으로 살짝 배가 나온 이들도 있다. 하지만 무조건 1년에 한 번은 다이어트를 해서라도 건강검진, 체력 측정을 통과해야 해서 전투적으로 노력할 수밖에 없다. 그런 만큼 직업군인은, 늘 건강은 자신 있다고 보면 된다. 나 역시 꾸준한 체력관리로 20년 넘게 64.5킬로그램을 유지하고 있다.

둘째, 직업군인은 공무원 신분이다.

알다시피 직업군인은 특정직 공무원이다. 그렇게 급여가 많지는 않지만 자녀들 키우고 생활하는 데 아무런 문제가 없다. 전국 어디로 발령 나더라도 관사를 제공받기 때문에 일단 살 집 걱정은 안 해도 된다. 또한 특별한 문제가 없는 한 정년을 보장하니 일자리 걱정은 안 해도 된다. 사회적으로 '사오정(45세 정년)'을 이야기하지만 직업군인은 55세 정년을 보장하니 이런 말을 입에 담을 필요가 없다.

셋째, 직업군인은 안정적인 연금 수급자이다.

직업군인은 정년퇴직과 동시에 군인연금을 지급받기 때문에 퇴직 이후에도 경제적으로 큰 걱정이 없다. 건강관리를 하면서 조금씩 일을 해도 되니 일단 심리적으로 안정된다.

넷째, 직업군인은 계절마다 지역의 문화 축제를 즐길 수 있다.

직업군인은 직계가족까지 전국에 있는 수많은 군 전용 휴양소를 언제든 이용할 수 있다.

다섯째, 직업군인은 건전한 사회생활을 한다.

모든 공무원이 그러하듯, 직업군인으로 정상적인 진급과 정년을 보장받기 위해서는 무엇보다 각종 사건 사고 기록이 없어야 한다. 특히나 군은 작은 음주운전 사건만 있어도 일단 진급에 불이익을 받는다. 연속해서 걸리면 당연히 바로 아웃이다. 또한 과거에는 조금 늦게까지 이어지는 회식 등의 음주문화가 있었지만 지금은 거의 사라졌다. 직업군인의 특성상 항상 비상대기 상태를 유지해야 하기 때문에 과도한 음주 가무를 할 수 없다. 따라서 대부분 일찍 귀가해서 가족들과 시간을 많이 보낸다. 어쩌면 이런 패턴의 남자를 싫어할 수도 있겠다. 가능하면 저녁 식사 해결하고 들어오는 남자를 좋아한다는 말도 있는 요즘이니까 말이다.

직업군인이 1등 신랑감인 이유를 내세우자면 끝도 없을 것 같다. 이 정도만 되어도 여성 입장에서는 직업군인이 상당히 매력적인 신랑감 후보이지 싶다.

세상은 내가 어떤 시각으로 바라보는가에 달렸다. 딸 가진 부모 입장으로도 그렇고, 나는 건강한 체력, 직업의 안정성, 정년 보장, 가족과 건전한 문화생활을 즐기는 직업군인이 신랑감으로 딱이라고 생각한다.

Question Thinking

1. 내가 생각하는 1등 신랑감 후보는 누구인가?
2. 신랑감으로서 직업군인의 장점은 무엇인가?

군대는 최고의 자기계발기관이다

첫 직장을 선택하는 조건 1순위는 무엇일까? 지금처럼 평생직장의 개념이 사라진 상황에서는 더욱 신중히 생각해볼 문제다. 결국 힘들어도 자신의 성장을 이끌어주는 직장 아닐까? 그 외 선후배 간의 유대관계가 좋은 곳, 기술적 우위를 보이는 곳 등등……. 이런 기준이 좋은 직장의 조건에 빠지지 않는 것 같다. 내가 33년간 경험한 이 조건에 딱 맞는 기관이 바로 군대다.

직업군인이 되는 게 어려워지면서 이런 말까지 생겨났다.

"최근에 생긴 신흥 명문대학이 어딘지 알아? 서울대도, 연세대도, 고려대도 아니다. 바로 군대다."

군대를 놓고 이런 농담을 하는 데는 다 이유가 있다.

첫째, 최고의 전문가를 양성하는 기관이다.

한 분야의 전문가를 양성하는 데 얼마의 시간이 걸릴까? 대략 10년은 걸리지 않을까 싶다. 맨 처음, 아무것도 모르는 초보자를 가르쳐서 10년 만에 전문가로 양성할 기관이 얼마나 될까. 일단 사회는 경제적 이익 중심이기 때문에 이렇게 하기란 쉽지 않다.

자, 그럼 군대는 어떨까? 일단 부사관으로 임관하면 후반기 병과 학교에서 주특기 초급반 교육을 받는다. 그 교육의 강도는 수능 공부 이상으로 살벌하다.

나는 초급반을 33주 받았다. 매일 8시간 공부에 수시로 쪽지시험을 치르고, 주말에는 예외 없이 정기평가를 받는다. 과락자의 경우 주말에도 계속 공부를 해야 한다. 사회 같으면 어떻게든 요령이라도 피우겠지만 군대이다 보니 턱도 없다. 그야말로 될 때까지 해야 한다. 과거에는 대부분 공부하기 싫어서 군대 왔다. 그런 군대에서 공부하느라 '멘붕' 상태에 빠진다. 대학 수준으로 토론·실습·발표까지 하는데 내가 군대에 와 있는 건지, 신입 사원 연수 중인지 헷갈릴 정도다.

그렇게 교육을 마치면 실무에 배치된다. 거기선 바로 자기 장비에 대해 책임 정비, 운용을 맡는다. 처음에는 당연히 서툴기 때문에 선임자들이 1:1 멘토링을 하면서 숙달시킨다. 실무에서는 해당 장비를 얼마나 이해하고 정비 및 운용을 할 수 있는지 또 평가받는다. 그리고 매일 정해진 일과표에 따라 자기가 맡고 있는 각종 장비에 대해 정비, 관리, 유지 보수부터 행정 업무까지 배운다. 부사관으로 임관해서 이렇게 10년 정도 근무하면 자기 분야에서 전문가가 된다. 그 사이 수많은 보수 교육을 받는 것은 물론이다.

내가 기억하는 최고의 전문가 선배가 있다. 그는 아침마다 고속정 엔진을 점검하는데, 긴 드라이버 하나면 충분했다. 시끄럽게 돌아가는 엔진에 드라이버를 갖다 대고 귀로 소리를 듣는 것이다. 처음 봤을 때 너무 신기해서 물어보았다.

"선배님, 그렇게 하면 뭐가 들립니까?"

"너도 이 생활 매일같이 십 년만 해보면 자동으로 알 거야. 지금 엔진 상태가 어떤지, 어디가 문제인지, 무엇을 해주어야 하는지……."

초보자를 이렇게 전문가로 양성해주는 기관은 그리 흔치 않다. 사회가 얼마나 치열한 곳인지를 잘 드러낸《과정의 발견》에서 조연심 저자는 이렇게 조언한다.

'기복 없는 사람은 없다. 배울 가치가 있다고 판단하면 견뎌야 한다. 누구나 욕을 먹으며 배운다. 배우면서 칭찬까지 바라는 건 무리다. 잘할 때 칭찬받고, 못할 때 욕먹는 곳이 사회이고 현장이다. 직장은 배우는 곳이 아니라, 실력을 발휘해서 이윤을 만들어내는 곳이다. 그러니 완전한 실력을 겸비하기 전에는 절대 그만두지 마라. 진짜 그만두기 전까지는 그만두지 마라. 온갖 권모술수가 판치는 곳이 회사고 사회다. 사람 말을 믿지 말고 나 자신의 실력을 믿어라.'

이제 군대가 얼마나 좋은 곳인지 알았을 것이다.

둘째, 리더십을 기른다.

어떤 직장이든 리더십은 절대적으로 필요하다. 시간이 지나면 누구나 중간관리자로서 역할을 해야 하기 때문이다. 하지만 제대로 리더의 역할을 하는 사람을 만나기란 쉽지 않다. 좋은 것은 자기가 하고, 싫은 것은 아랫사람에게 맡긴다. 이래서는 소통은커녕 불통만 있을 뿐이다. 지위가 높을수록 듣기보다 본인 이야기만 일방적으로 전달한다. 그리고 맨 마지막에 "건의 사항들 있으면 말해봐"한다. 여기서 말하는 사람은 바보 취급을 당한다.

전시에 서로의 목숨을 지켜주는 사람이 바로 전우다. 지난 목함지뢰 사건의 동영상에서도 보았을 것이다. 위기의 순간, 혼자 도망치는 것이 아니라 서로의 안전을 지켜주기 위해 최선을 다하는 모습을 말이다.

군인들의 리더십은 강제가 아닌 복무 정신에 따른 것이고, 이는 자연스럽게 리더십 훈련으로 이어진다. 그야말로 군대는 최고의 리더십을 키워준다. 리더십은 강요가 아닌 자율이다. 그리고 서로에 대한 믿음이 그 바탕이 되어야 가능하다. 군대는 사회와 달리 개인의 이익을 추구하는 것이 아니라, 공동의 목표를 향해 나아가는 곳이다. 모든 것이 완벽한 집단은 없다. 어떤 잣대를 가지고 보는가에 따라 같은 현상, 다른 시각이 된다. 군대에서는 원하든 원하지 않든 간에 시간이 지나면, 후배들이 생기게 마련이다. 여기서 자연스럽게 중간관리자로서 역량을 키우고, 훗날 주임원사가 되면 정말 최고의 리더십을 연마하게 된다. 제대로 된 한 명의 리더를 만들어내기란 쉽지 않다. 힘들고 어렵지만, 계단을 오르듯 자신의 역량을 키워가면서 최고의 리더로 성장할 수 있는 최고의 직장이 바로 군대다.

셋째, 인간관계의 기술을 배운다.

직장에서 자발적 이직이든 권고사직이든 그 이유를 알아보면 대부분 인간관계 때문이다. 어떤 조직이든 기술 혹은 재능이 부족한 것은 교육으로 가르치면 된다. 하지만 인간관계는 절대 그럴 수 없다. 그래서 다들 인간관계가 제일 어렵다고 한다. 지금 이 시대에 절실한 것은 바로 인간관계의 기술이다.

군대하면 떠오르는 부정적 용어가 바로 '고문관'이다. 고문관의 사전적 의미는 '주로 군대에서, 어수룩한 사람을 놀림조로 이르는 말'이다. 미 군정 시절, 파견 나온 미군 고문관들이 한국어를 못하고 어수룩하게 행동했던 데서 유래했다고 한다. 지금은 이런 용어를 잘 사용하지 않지만, 어쩔 수 없이 낯선 문화에 적응하지 못하는 사람들이 훈련을 받다 보면 생길 수밖에 없다. 사회 같으면 피하면 되겠지만 군대는 반드시 이 친구를 끝까지 책임지고 보살펴야 한다. 힘들고 어려운 일이다. 그 과정에서 끊임없는 인내가 필요하다. 그런 친구들을 끝까지 잘 관리해서 전역시켰을 때, 그들로부터 감사 편지 한 장 받자면 큰 보람을 느낀다. 그들도 안다. 자신이 어떤 사람이었는지, 그리고 사회에 나가 보니 그렇게 자신을 따뜻하게 대해주는 이가 없음을 말이다. 좋은 사람들과 잘 지내는 것은 누구나 가능하다. 인간관계의 관건은 결국 나를 힘들게 하는 사람들과 어떻게 잘 지내는가 하는 점이다. 군에서 정말 다양한 사람을 만나는데, 이 과정에서 진정한 인간관계의 기술을 배울 수 있다.

사무실에서 동료들과 즐거운 간식 타임

제23회 정보보호와 암호에 관한 학술대회에서

오래전 일이다. 함께 근무하는 사무실에서 서로 회의만 하면 큰 목소리로 싸우는 사람들이 있었다. 담당 소령과 주무관이 대화가 안 통해서 발생하는 문제였다. 그때마다 내가 중간에서 조율을 해보면, 항해과 장교와 전산 주무관이 서로 전문 용어를 사용하는 통에 의사 소통이 안 돼 발생하는 문제였다. 그래서 나는 차분히 말했다, 앞으로는 회의할 때 가능하면 나를 불러달라고. 그렇게 중간에 통역 아닌 통역을 하자 부드럽게 일찍 회의가 끝났다. 그들은 고개를 갸웃했다.

"왜 똑같은 말을 하는데, 우리끼리 하면 대화가 안 되는 거지?"

내가 하고 싶은 말을 내 언어로 하는 것이 아니라, 상대방이 듣고 싶은 언어로 바꾸어 말하는 데 그 답이 있다. 말이란 내가 하는 것이 말이 아니고, 상대가 이해하는 말이 비로소 말이다. 전달하는 사람의 진심을 담아서 상대 입장에서 말하면 자연스럽게 해결되는 것이다.

요컨대 군대는 사회생활에 필요한 모든 것을 배울 수 있는 최고의 교육기관이다. 초보자를 숙련된 전문가로 양성해주고, 관리자에게 반드시 필요한 리더십을 키워주며, 사회생활에 필수적인 인간관계의 기술을 전수해준다.

최근 실용 학문이 중시되고 있다. 결국 현장에서 배우고 익혀 전문가로 거듭날 수 있어야 한다. 그 최적화된 교육 현장이 바로 군대다. 사회는 내가 싫으면 관둘 수 있지만 군대는 개인 중심이 아닌, 공동의 목표를 향해 함께 달려야 하는 조직이기에 그럴 수 없다.

군대에서 적응하지 못한 사람은 사회에서도 적응하지 못한다. 반면, 군생활을 성공적으로 잘 마무리한 사람은 전역 이후에도 사회에서 왕성한 활동을 이어가게 마련이다. 왜 그럴까? 군대에서 힘든 과정을 거쳐 전문가로 인정받은 사람은 못할 게 없다. 당연히 사회에서도 필요한 인재가 되게 마련이다.

나는 확신한다. 군대는 최고의 대학이자 자기계발이 가능한 직장이다. 고등학교를 졸업하면서 대학이 아닌 군대를 선택하는 사람들이 늘어난다. 취업 시장에서 점점 특정직 공무원인 직업군인의 인기가 높아지는 이유는 바로 초보자를 한 분야의 최고 전문가로 양성해주기 때문이다. 이는 일반직 공무원 조직 혹은 대기업 조직에서 결코 쉬운 일이 아니다.

Question Thinking ———————————————————————

1. 내가 생각하는 대학의 기능은 무엇인가?
2. 나는 군대에서 무엇을 배울 수 있을까?

Chapter 3

직업군인,
어떻게 준비할 것인가?

직업군인, 먼저 체력검정을 준비하라

　군인에게 가장 필요한 것이 무엇일까? 어떠한 환경에서도 전투에 임할 수 있는 강인한 체력이다. 그래서 1년에 한 번 국군의 날 행사 시 각종 무술이나 고공낙하 같은 멋진 시범을 상징적으로 보여주는 것이다.

　직업군인이 되기 위한 과정에 공무원시험보다 한 가지 더 요구되는 게 있으니, 바로 체력검정이다. 그렇다고 모든 군인에게 영화 속 터미네이터 같은 체력을 요구하는 것은 아니니 지레 겁먹을 필요는 없다. 건강한 기초체력만 있으면 누구나 직업군인이 될 수 있다. 일단 입대해서 훈련소의 훈련을 소화할 정도의 체력만 갖추고 있으면 된다. 자, 그럼 어떻게 준비하면 되는지 구체적으로 살펴보자.

예전에 부사관시험을 준비하면서 신체검사로 고생했던 친구가 있었다. 이 친구는 가정 형편이 그렇게 여유롭지는 않았다. 그래서 고민하다 대학 대신 바로 부사관 지원을 했다. 고등학교 때 공부를 못한 편은 아니어서 1차 필기시험은 무난히 합격했다.

참고로, 1차 필기시험은 지적 능력, 국사 평가, 직무성격, 상황 판단 검사를 하는데 한 과목이라도 40점 미만을 받으면 탈락이다. 어렵지는 않지만 시간 분배를 잘해야 하기 때문에 시중에 나와 있는 부사관 수험서를 참조해서 반복 학습을 한다면 충분히 관문을 넘을 수 있다.

여하튼 그 친구는 체력검정은 무난히 통과했는데 신체검사에서 혈압이 너무 높게 나왔다. 당연히 탈락했다. 자신은 한 번도 고혈압이라고 생각해보지 않았다고 하는데 몇 번을 측정해도 결과가 똑같았다.

자, 이 경우 어떻게 해야 할까? 정말 고혈압이 문제라면, 혈압약이라도 먹고 재도전해야 할까? 사실, 그 친구는 원래 혈압이 높은 것이 아니었다. 다만, 병원만 가면 울렁증처럼 가슴이 뛰고 혈압이 높아지는 부류였다. 현재 그는 부사관으로서 아주 열심히 군생활을 잘하고 있다. 그는 과연 어떻게 그 난관을 극복했을까? 그는 대학병원을 찾아가서 사정을 이야기하고, 하루 종일 몸에 차고 다니는 혈압측정기를 신청해서 혈압을 측정했다. 그랬더니 정상으로 나왔다. 간혹 병원만 가면 가슴이 두근거려 혈압이 올라가는 이들은 이 방법을 한 번 사용해보자.

적을 알고 나를 알면 백전백승이라고 했다. 지금부터 부사관 입문 단계를 차분히 알아보자.

첫 번째, 지원 자격이다.

임관일 기준 만 18세~27세 이하(군 미필자), 예비역은 군복무 기간에 따라 만 30세까지 가능하다. 필기시험은 전문 학원까지 생겼고, 부사관시험 교재가 아주 다양하게 출간되어 있으니 본인에게 맞는 것을 선택해서 준비하면 된다. 최근에는 인터넷 강의까지 생겨 좀 더 자유로운 선택이 가능해졌다.

두 번째, 신체검사이다.

내 몸의 건강 상태를 상당히 세부적으로 검사한다. 일반 건강검진보다 조금 더 세밀하게 받는다고 생각하면 된다. 이 과정에서 정말 자신이 모르고 있던 질병을 발견하는 경우도 있다. 직업군인이 되는 것보다 자신의 건강 상태를 정밀 검사한다고 생각하면 된다.

세 번째, 체력검정이다.

체력검정은 남군, 여군의 기준이 조금 다르다. 기본적으로 1.5킬로미터 달리기 7분 29초 이상 불합격, 윗몸일으키기(2분) 33회 이하 불합격, 팔굽혀펴기(2분) 24회 이하 불합격이다. 좀 더 구체적인 사항은 병무청 그리고 각 군 홈페이지 모집 공고를 참조하기 바란다.

사실, 요즘 청년들이 너무 외부 활동을 안 하고 공부만 해서 그런지 체력이 생각보다 약하다. 그러다 보니 체력검정을 통과 못하는 이들이 심심찮게 나온다. 공부도 좋고 게임도 좋지만, 직업군인에 도전하겠다면 일단 기초체력부터 키우자. 이를 위해 헬스장을 다닌다는 이들도 있는데, 내 생각에는 학교 운동장 같은 곳에서 한 달만 규칙적으로 열심히 운동해도 충분하다.

네 번째, 마지막 관문인 면접이다.

기본적인 인성과 국가관, 안보관을 묻는 과정이다. 잠깐 면접에서 있었던 웃지 못할 사례 하나를 소개할까 한다.

"우리나라 육이오전쟁이 언제 일어났는지 아나요?"

"천구백오십 년 유월 이십오 일입니다."

"그럼 육이오사변이 언제 일어났죠?"

이 질문에 머뭇대다 기어가는 목소리로 잘 모르겠다고 말하는 이가 더러 있다. 이는 실제로 면접 때 벌어진 일이다. 그냥 아무 생각 없이 한국전쟁 발발일을 1950년 6월 25일로만 암기한 것이다. 그 것을 아주 조금 다르게 물었는데, 면접자는 당황하면서 한순간 무너졌다. 얼굴에는 '나한테 그런 질문을 왜 해요?' 하는 듯한 원망의 표정이 가득하여 오히려 질문한 면접관들이 더 당황했단다. 직업군인으로서 강인한 체력 못지않게 요구되는 것이 제대로 된 국가관, 안보관이다.

사실, 부사관 입문 과정이 그리 어렵지는 않다. 다만, 장교·준사관·부사관, 세 신분 중에서 가장 체력을 요하는 게 부사관임을 염두에 두자. 자신이 맡은 전문 분야에서 30년 가까운 시간 동안 전문가로 성장하고 후배들을 가르치기 위해서는 무엇보다 체력이 뒷받침되어야 하기 때문이다.

직업군인은 남군, 여군 모두 강인한 체력의 소유자라고 보면 된다. 직업군인이라는 특정직 공무원으로 근무하는 한 강인한 체력은 기본 중의 기본이다. 이런 점에서 건강까지 지킬 수 있는 직업군인이라는 직업은 매력적이다.

앞장에서 잠깐 언급했듯, 직업군인들은 근무 시간에 별도로 체력 단련 시간이 주어진다. 날마다 하루 한 시간씩 의무적으로 축구, 농구, 테니스, 탁구, 헬스, 풋살, 달리기 등 자신이 좋아하는 운동으로 체력 단련을 해야 하는데, 이 또한 직업군인만의 혜택이라고 할 수 있겠다.

보통 부사관 원서 접수를 하고 체력 측정까지 두 달 정도의 시간적 여유가 있다. 원서 접수와 동시에 체력관리에 들어간다면 체력검정을 통과하는 데는 별문제가 없을 것이다. 건강한 체력이 뒷받침되어야 하는 최고의 공무원, 직업군인에 인생을 걸어보자.

Question Thinking —————————————————————

1. 지금의 체력에 만족하는가?
2. 근무 시간에 별도로 체력 단련 시간을 주는 직장을 어떻게 생각하는가?

대학보다 직업군인을 택한 세 가지 이유

2016년 통계에 따르면, 우리나라 고등학생의 대학 진학률은 69.8%이다. 그야말로 지금은 고등학교를 졸업하면 당연히 대학을 가야 하는 세상이 되었다. 꿈도 목표도 좋아하는 것도 없는데, 마치 통과의례처럼 대학을 간다. 수능 점수가 좋으면 거기에 맞는 대학을 선택하고, 공부에 자신이 없으면 수시전형으로 대학을 간다.

4년제 대학교 혹은 전문대학 중 어디든 나와야 한다고 누가 정했는가? 그 피해는 대학문을 나서는 순간 부모와 학생의 몫이 된다. 취업난과 함께 학자금 상환이라는 현실의 벽이 괴물처럼 다가온다. 그 불안감 때문에 꿈이라는 거창한 생각을 할 여유도 없이 아르바이트를 시작한다. 그렇게 일을 하면서 '내가 왜 대학을 간 거지? 난 거기서 무엇을 한 거지?' 하는 후회를 해보지만 때는 이미 늦었다.

나는 고등학교를 선택할 때부터 정확히 목표 설정이 되어야 한다고 생각한다. 그게 없으면 대학 진학은 친구 따라 강남 가는 꼴이 될 확률이 높아진다. 그 등록금이 자그마치 평균 4년제 대학은 667만 5천 원, 전문대학은 315만 원 정도다. 여기에 교재비, 기숙사, 생활비 모두 합치면 상상을 초월할 정도가 된다. 진짜 문제는 졸업 후 취업이 안 된다는 점이다.

몇 년 전, 친한 후배가 아들 문제로 상담을 요청해왔다. 고3인 아들이 공부와 정말 담쌓고 그냥 학교만 다니고 있는데, 수능 공부 대신 아르바이트를 한다고 했다. 그 아들은 내 딸과 같은 학교 동급생이었다. 그래서 나는 그 아들과 이야기를 해보았다. 그래도 전문대

해군 베스트마인드 스피치 리더십 과정 개설

학은 가고 싶단다. 그 이유를 물어보았다. 나름의 판단으로 소방 관련 전문대학을 가고 싶다고 하는데, 구체적인 대학까지 생각해놓은 게 참 대견했다.

후배 아들은 일단 수시전형을 통해 원하는 전문대학에 도전하기로 했다. 그러나 점점 수시전형 날짜가 다가오면서 그의 아들은 급격히 자신감을 잃었다. 그런 아들의 모습을 지켜보던 후배는 아들에게 말했다.

"그럼 부사관 지원을 하면 어떻겠니?"

사실 당황스러울 수도 있었을 것이다. 고등학교 졸업도 안 했고, 친구들은 대학 가서 열심히 대학의 낭만을 즐기려 하는 판국에 뜬금없이 부사관 지원을 하라니……. 그 아들은 아버지 제안을 쉽게 받아들이지 못했다.

나는 후배에게 너무 재촉하지 말고, 시간을 주라고 했다. 후배는 일단 부사관 수험서 몇 권을 사 건네며 생각할 시간을 주었다. 고민하던 아들은 결국 부사관시험 응시를 했고, 단번에 합격했다. 결국 고3 졸업식도 참석 못 하고 12월에 입대했다. 부모 입장에서 마음이 아팠을 것이다. 나는 후배에게 말했다.

"더 좋은 일들이 있을 거야. 임관식 마치고 며칠 휴가 나오면 원 없이 놀도록 해줘."

후배의 아들은 왜 대학이 아닌 군대를 선택했을까?

첫째, 특정직 공무원이기 때문이다.

대개 대학 진학 후 1년을 공부하고 입대한다. 그리고 제대 뒤 복학하고 졸업과 동시에 취업 활동에 돌입한다. 물론 그 길은 쉽지 않다. 더욱이 공무원시험은 하늘에 별 따기다. 그런데 이 친구는 그 어려운 공무원 신분을 고등학교 졸업 전에 이미 획득했다.

둘째, 병역 문제가 자동 해결되기 때문이다.

대한민국 남자라면 누구나 군대를 다녀와야 하는데 취업과 군대 문제를 한 번에 해결했다. 최근 입대자가 한꺼번에 몰리면서 원하는 시기에 입대하는 것도 어려워졌다.

셋째, 학자금 걱정 없이 대학을 갈 수 있기 때문이다.

부사관으로 입대했으므로 장기복무자 선발만 되면, 그때 군생활을 하면서 마음 편히 대학 가면 된다. 그것도 학자금 걱정 없이 군장학생으로서 말이다. 친구들은 대학 졸업과 동시에 취업 걱정, 학자금 상환 걱정으로 정신 없을 때 그들을 만나서 여유 있게 소주 한잔 사주기 바란다.

자, 그럼 현실적으로 생각해보자. 대학 졸업과 군대 갔다 오면 평균 6~7년 정도의 시간이 흐른다. 그때부터 취업 전쟁을 치르고 누구는 공무원시험에 도전하고, 또 누구는 학자금 상환에 허리가 휘고 있을 것이다. 그런데 이 친구는 가장 먼저 그들이 부러워하는 공무원 신분이 되었다. 당연히 군대 문제는 해결되었고 학자금 걱정 없이 대학생활도 즐길 수 있다. 과연 누가 현명한 길을 선택한 것일까? '대학을 먼저 갈까, 군대를 먼저 갈까?'의 문제가 아니다.

이제는 남들과 똑같이 생각하고 행동해서는 살아남기 어렵다. 새로운 산업의 거대한 물결이 급격히 밀려오고 있다. 나 역시도 고등학교를 졸업하고 딱 1년 만에 부사관으로 입대했다. 그렇게 33년의 시간을 보냈지만 그 사이 대학원까지 마치고 이제 전역을 앞두고 있다. 물론 전역 이후 새로운 인생은 더 기대가 된다. 이곳의 경험은 나에게 새로운 세계를 열어줄 것이라 믿는다. 그 가능성을 지금 책으로 남기는 중이다.

나는 안다. 대학보다 직업군인을 선택한 그 친구가 몇 년 후 또래 중 가장 행복한 시간을 보낼 것임을……. 남들이 걸어가는 길을 똑같이 걷기보다 나만의 방식으로 새로운 인생을 개척하길 바란다.

청춘의 흔들리는 시기, 군대는 나를 시험하고 단련해볼 좋은 기회를 준다. 더불어 특정직 공무원으로서 평생직장을 제공해준다.

Question Thinking ————————————————————

1. 나는 어떤 인생을 살 것인가?
2. 어떤 비전으로 나의 직업을 선택할 것인가?

정년 보장에 가장 유리한 신분을 선택하라

직업군인을 희망하는 사람들의 가장 큰 이유는 무엇일까? 무엇보다도 정년 보장 아닐까? 청년 실업자가 54만 명, 여기에 아예 일자리조차 알아보지 않는 청년 백수가 36만 명이라고 한다. 매일같이 사회면을 장식하는 단골 메뉴가 청년 실업자 문제다. 이것을 어떻게 해결해야 할까?

현재 직장을 다니고 있는 사람들마저 스스로 고용 불안을 느끼고 있다. 내가 언제까지 회사를 다닐 수 있을지, 빈번히 몰아치는 명퇴의 한파 속에서 저마다 생존의 몸부림을 친다. 그러다 보니 같이 근무하는 동료들끼리 서로 눈을 마주치는 것조차 불편하다고 한다. 한창 일할 나이임에도 자기 의지와 상관없이 권고사직을 받는다. 어느 한순간 '내가 이렇게 쓸모없는 사람이었나?' 하는 자괴감에 빠지기도 한다. 무엇이라도 해보자고 퇴직금을 전부 투자해서 시작한 치킨집, 피자집은 몇 달이 안 되어 말아먹는다. 더 이상 무엇을 해야 할지 막막한 현실이다. 이런 실정이다 보니 봉급이 다소 적어도 정년 보장이 되는 일반직 공무원이 최고라 생각하며 도전하는 것 같다. 그런데 이게 과연 바람직한 현상일까?

그럼 직업군인의 세계는 정년 걱정이 없는지 한번 알아보자.

직업군인으로 시작해서 장기복무자 선발이 되었다고 정년이 보장되는 것은 아니다. 군인은 말 그대로 특정직 공무원 신분이기 때문에 계급별로 정년이 다르다. 즉, 일정 계급에서 진급이 안 되면 강제로 전역된다. 이것을 쉽게 '계급정년'이라고 부른다.

직업군인 중 계급정년이 필요 없는 유일한 신분은 준사관이다. 준사관은 임관하면 특별한 사고가 없는 한 55세까지 정년을 보장받는다. 어쩌면 최고의 신분이라 할 수 있다. 여기서는 장교, 부사관에 대해서만 알아보자.

장교는 대위 43세, 소령 45세, 중령 53세, 대령 56세가 계급정년이다. 장교들은 위관장교 시절 장기복무자 선발이 되었다고 정년이 보장되는 게 아니다. 즉, 소령이 45세 될 때까지 중령 진급을 못하면 전역해야 한다. 한창 일할 우수한 자원들이 진급 문제 때문에 강제로 전역하는 것을 보면 정말 마음이 아프다. 더욱이 결혼해서 한창 아이들이 자라나는 시기인지라 더욱 걱정된다.

그럼 부사관은 어떨까? 하사 40세, 중사 45세, 상사 53세, 원사

55세이다. 부사관의 경우, 일단 장기복무자 선발이 되면, 진급적체에 따른 근속진급제도가 생겨서 기본적으로 상사 53세까지는 근무가 가능하다. 물론 특별한 경우가 아니면 대부분 원사까지 진급한다. 그러니 부사관들은 장기복무자 선발만 되면 55세 정년까지 근무할 수 있다. 정년 보장만 생각한다면 장교보다는 부사관이 훨씬 더 유리하다.

그래서일까. 전국에 새롭게 신설되는 전문대학 군사학과는 대부분 부사관 양성 학과다. 하지만 더 중요한 것은 직업군인을 선택하는 이유가 무엇인가 하는 것이다. 장교, 부사관은 각각 역할이 다르다. 직업군인으로 55세 정년을 보장받으면서 근무하고 싶다면 부사관을 추천한다. 군인을 직업의 개념으로 접근하면 정년이 중요한 것이다.

정년 이야기가 나오면 떠오르는 분이 있다. 내가 모시던 중령 과장님이다. 그는 늘 해군이 날 필요로 하는 순간까지 근무하겠다고 공언하던 분이다. 이는 진급에 누락되면 전역하겠다는 의미였다. 그해, 정말 그는 대령 진급 심사에서 누락되었다. 그는 53세 중령 정년까지 한참 남았지만 과감히 전역했다. 쉽지 않은 결정이었지만 멋지고 당당하게 옷을 벗었다. 물론 전역하고 바로 일반 회사에 취직하여 잘 생활했다.

군생활 동안 철저히 자기계발을 한 이들은 전역 이후 더 안정적으로 생활하고 있다. 결국 정년은 내가 결정하는 것이다. 물론 법으로 정해진 기간을 채우는 것도 중요하다. 부사관에서도 원사 진급이 안 되어 상사로 전역한 선배가 몇 있다. 원사 진급을 위해서 열심히 노력했지만 결국 진급이 안 되어 상사로 53세에 정년퇴직을 한 것이다.

부사관의 경우도 특기에 따라서 진급적체가 심한 특기가 있다. 자신의 실력과 무관하게 진급 공석이 없어서 진급이 안 되는 일이 자주 발생한다. 군에서 진급은 동기들과 함께하는 것이 가장 좋다고 말한다. 너무 빠르거나, 느리지도 않게 평균적으로 동기들과 같이 진급하는 게 정말 최고라 생각한다.

진급 시 중요한 것은 자신의 노력이다. 군대만큼 철저하게 자신의 실력과 노력으로 평가받는 곳도 없다.

직업군인으로 정년을 보장받기에 가장 유리한 신분은 부사관이다. 장기복무자 선발만 되면 대부분 원사로 55세 정년 보장이 가능하기 때문이다. 이때, 자신의 환경에 절대 안주하지 말기 바란다.

살아가는 동안 어차피 선택의 순간이 온다. 정년이라는 선택도 본인의 의지에 따라 결정할 수 있어야 한다. 가령 55세가 정년인데, 53세에 사회에서 스카우트 제의가 온다면 어떻게 할 것인가? 무조건 55세 정년까지 버틸 것인가, 전역하고 새로운 직장으로 옮길 것인가? 지금은 대부분 전역을 하고 새로운 직장으로 옮긴다. 그러면 60세까지 근무할 수 있다. 여기서 직업군인이 공무원보다 좋은 점이 하나 더 나온다. 군인은 전역과 동시에 연금을 받으면서 직장생활을 할 수 있다는 것이다. 미국의 심리학자 윌리엄 글래서는 말했다.

"우리는 거의 언제나 선택권을 가지고 있고, 그 선택이 훌륭할수록 좀 더 스스로의 인생을 통제할 수 있다."

결국 내가 무엇인가를 선택할 수 있는 상태를 유지하는 것, 그게 핵심이다. 늘 자신을 언제 어디서나 선택 가능한 사람으로 만들어라. 스스로 자신을 고용할 수 있다는 자신감으로 가득 채워라. 나 자신을 당당한 프로 마인드로 무장한다면 어떤 선택도 가능할 것이다.

"당신이 사장이라면 당신을 고용하겠습니까?"

이 질문에 언제나 "예"라는 대답이 나오게 만들어라. 나 역시도 정년을 2년 앞두고 먼저 사회로 진출한다. 주변에서는 대부분 말린다. "뭐하려고 일찍 나가려고 하느냐?"는 것이다.

직업군인으로 정년 보장에 가장 유리한 신분을 선택하는 기준도 각자의 상황에 따라 다를 것이다. 오랜 군생활을 한 경험상 부사관이 정년 보장에는 가장 유리하다. 장교들은 계급정년의 스트레스가 부사관에 비해 매우 심하다. 특정직 공무원인 직업군인을 희망한다면 어떤 기준으로 정년을 바라보겠는가? 선택은 바로 스스로의 몫이다.

Question Thinking —————————————————————————

1. 내가 생각하는 정년은 몇 살까지인가?
2. 진정한 정년퇴직의 의미는 무엇일까?

어느 경찰공무원 도전자의 후회

최근 공무원시험보다 경찰공무원시험 경쟁률이 더 높아졌다. 보통 100:1이 넘는다. 2017년 1차 경찰공무원시험 응시율은, 전라남도 광주의 경우 2명 모집에 855명이 지원했다. 산술적으로 427:1의 경쟁률이다. 왜 이렇게 특정직 공무원에까지 치열하게 사람들이 몰리는 것일까?

2017년 3월의 어느 날, 경찰공무원시험 결과 발표를 앞두고 한 공시생이 목숨을 끊었다. 지방 출신으로, 그는 최근 2년간 고시원에서 시험 준비를 했는데 또다시 결과가 좋지 않을 것으로 판단하고는 스스로 나쁜 결정을 내린 것이다.

도대체 공무원시험이 뭐라고, 젊은 목숨까지 걸어야 하는 걸까?

그런데 한편에서는 아이러니한 상황이 벌어진다. 막상 합격이 되었는데도 후회하는 이들이 제법 많다는 사실이다. 혹자는 정말 팔자좋은 소리라고 할지 모르지만, 진정한 사명감을 가지고 도전하지 않는다면 훗날 땅을 치며 후회하는 경우도 종종 있다. 막연한 환상은 금방 현실의 벽에 부딪힌다. 모든 공시족이 자신의 업에 대해 정말 진지하게 생각해보고 진로를 정하길 바란다.

지난날 진해에서 근무할 때의 일이다. 군에도 경찰 업무를 하는 이들이 있다. '헌병'이라는 병과는 사회의 경찰과 같다. 하루는 헌병대에 병사로 근무하는 친구가 찾아와서, 전역하고 경찰공무원시험을 응시하는 것이 좋은지, 아니면 그냥 군에서 헌병 부사관을 지원해서 직업군인이 되는 것이 좋은지 상담을 해온 적이 있었다. 나는 물었다.

"부모님은 직업군인이 되기를 원하시는가?"

"아니요."

그런데 근무를 하다 보니 헌병 부사관이 자신하고 잘 맞아서 '지원을 해볼까? 아니면 전역하고 경찰공무원시험 준비를 할까?' 하면서 고민 중이라고 했다. 나는 차분히 조언했다.

"전역하고 경찰공무원시험은 불확실한 미래이고, 여기서 헌병 부사관을 지원하는 것은 확실한 미래이다. 둘 다 특정직 공무원 신분이니 신중히 결정해야 한다."

결국 그는 만기전역을 한 뒤 경찰공무원 쪽으로 길을 정했다. 몇년의 시간이 흘렀을까. 우연히 그의 이야기를 듣게 되었다. 몇 년째 노량진 학원에서 경찰공무원시험을 준비 중이라는 것이었다. 들어보니 그때 헌병 부사관을 지원하지 않고 전역한 것을 많이 후회하고 있었다. 그때 군에서 그냥 헌병 부사관을 지원했으면 어차피 같은 일을 하는 것이고, 벌써 안정적으로 자리 잡았을 것이라고 말이다. 언제 시험에 합격할지도 모르는 생활을 몇 년째 지속하다 보니 자신감도 많이 떨어지고 후회막심이라고 했다. 모든 것이 그렇다. 사람들은 확실한 것을 멀리하고 꼭 불확실한 것을 쫓아간다. 순간의 선택이 인생 전체를 좌우한다.

군에서 병사로 입대해서 부사관으로 지원하는 비율이 점점 늘어간다. 그 이유도 다양한데 자신이 원하는 부사관 특기 경쟁률이 너무 심해서 몇 번 도전해도 안 되니까, 일단 특기병으로 입대해서 부사관으로 신분 전환을 하는 것이 유리하다고 판단하는 경우가 가장 많다. 어쩌면 현명한 판단일 수 있다. 어차피 병역의무를 마쳐야 하니, 일단 특기병으로 입대해서 자신이 원하는 특기 부사관으로 신분 전환이 된다면 좋고, 안 된다 하더라도 군복무를 마칠 수 있으니 두 가지 장점을 다 살릴 수 있다.

지금은 군복무를 마치고 부사관으로 재복무를 희망하는 사람들도 늘고 있다. 왜 그런가?

첫째, 본인이 군복무를 하면서 사회보다 오히려 좋은 점이 많다고 느꼈기 때문일 것이다. 그리고 자신이 원하는 회사에 여러 번 도전을 해보아도 쉽지 않으니, 관련 특기 부사관으로 지원하는 것이다.

둘째, 대학에 복학을 하지 않는 경우다. 군복무 중 이런 친구들을 많이 만나게 되는데 그들 대부분이 본인이 선택한 대학과 학과를 후회한다. 좋아서 선택한 것이 아니라, 그냥 적당히 점수에 맞추어서 대학을 갔기 때문이다. 군복무 중 자신을 천천히 돌아보니 전혀 자신과 맞지 않다는 것을 알게 되었고, 수능을 선택할지, 편입을 선택할지 고민하면서 복학을 미루는 것이다. 여기에 학자금 대출 부담까지 생각하니 군복무 중 바라본 부사관이 훨씬 매력적으로 보이는 것이다. 학자금 걱정 없지, 자신이 좋아하는 분야에서 근무할 수 있지! 그렇다 보니 군복무를 마친 재복무자가 점점 늘고 있는 실정이다. 나는 이것이 가장 현실적인 선택이라고 생각한다.

물론 직업군인이 절대적 정답은 아닐 것이다. 검찰, 경찰공무원, 소방공무원, 교정공무원 등 사회의 특정직 공무원이 담당하는 일은 군대에 똑같이 존재한다. 중요한 것은 그 분야가 정말 자신이 원하는 분야인지를 확인하는 일이다.

만약 정말 자신이 원하는 분야를 찾았고, 사회에서 경쟁률이 너무 높다면, 직업군인 분야에서 찾는 것도 좋은 방법이다. 사회의 경찰공무원은 정말 경쟁률이 높고, 투철한 사명감이 필요한 직업이다. 이것을 군대에서 찾으면 같은 일을 훨씬 더 즐기면서 할 수 있다고 생각한다.

직업군인의 세계는 사회의 어떤 직업보다 세분화되어 있다. 내가 정말 원하는 것이 무엇인지, 내가 무엇을 좋아하고 잘할 수 있는지를 안다면, 생각하는 모든 분야가 다 준비되어 있는 셈이다. 그냥 단순히 육군, 해군(해병대), 공군 이렇게 생각하면 안 된다. 각 군 홈페이지 모집 정보를 반드시 확인하고, 부족한 정보는 병무청 담당자에게 꼭 문의하기 바란다. 평생 내가 근무할 직장이라는 생각으로 꼼꼼하게 준비하기 바란다. 그러면 정말 자신이 원하는 분야에서 멋진 특정직 공무원 신분으로 근무할 수 있을 것이다.

Question Thinking

1. 내가 아는 특정직 공무원은 무엇인가?
2. 사회의 특정직 공무원과 직업군인의 경쟁률은 얼마나 될까?

전역했다면 재복무에 도전하라?

군대 갔다 온 이들이 술자리에서 우스갯소리처럼 하는 말이 있다.

"내가 진짜 부대 쪽으로는 소변도 안 본다!"

그런데 요즘은 양상이 많이 달라진 것 같다. 스스로 군대를 다시 들어가는 사람이 늘고 있으니까 말이다. 어찌된 일일까? 두 번씩이나 갈 만큼 군대가 좋아진 것일까?

사실, 군대가 참 많이 변하긴 했다. 다양한 병역 자원을 모집하다 보니 전역한 예비역을 재임용하는 제도까지 생겼다. 어떻게 장교로 근무하다가 부사관으로 갈 수 있단 말인가. 과거 같으면 상상도 못 할 일이다.

하지만 이는 현실이다. 지금은 장교·부사관의 신분을 따지는 게 아니라, 그야말로 직업으로 생각하는 것이다. 대위로 전역해서 부사관 지원을 하면 중사로 임관할 수 있다. 이 경우 5년 후에 상사로 진급할 수 있는 유리한 조건이 주어진다. 직업의 안정성을 고려한다면 충분히 매력적인 조건이다.

그동안 장교로 근무한 복무 기간은 모두 군인연금 기간에 소급 적용된다. 같은 군인이 아니라면 어느 직장에서 복무 기간을 모두 호봉에 반영해주겠는가? 나와 함께 근무하던 한 젊은 대위도 전역 직후 부사관으로 재복무를 신청했다. 전역을 앞두고 결혼했는데 취업이 쉽지 않은 상황에서 가족과 상의하여 내린 결정이었다.

지금은 많은 사람이 이 제도를 활용하고 있다. 바야흐로 군대도 자발적으로 재복무자들이 늘고 있는데, 직업의 안정성과 정년 보장의 매력이 상당히 크게 작용하는 것이다. 물론 이 역시 무작정 지원한다고 되는 것은 아니다. 제도적으로 만 30세까지만 지원 가능하다.

내가 교관으로 근무할 때의 일이다. 공통 과목을 수업할 때였다. 맨 앞줄에 앉은 부사관이 왠지 낯익었다. 나이는 동기생보다 한참 많아 보였다. 초임 부사관이므로 어디서 본 적도 없을 텐데 이상했다. 그래서 쉬는 시간에 조용히 물어보았다.

"혹시 자네, 나 어디서 본 적 있는가?"

"교관님, 안녕하십니까? 제가 전산 부사관 출신입니다. 예전에 ○○부대 근무할 때 잠시 뵌 적이 있습니다."

자세히 보니 내 직별 후배였다. 그는 재복무한 상황이 조금 민망하여 일부러 알은체를 안 한 것이었다. 점심시간에 교관실에 불러서

사정 이야기를 들어보았다. 그는 어느새 결혼하여 아이도 하나 얻은 가장이 되어 있었다.

"장기복무자 선발이 안 되어 전역을 하고 사회생활을 시작했는데 마땅히 할 것이 없었습니다. 그러던 차에 아내가 조심스럽게 더 늦기 전에 부사관으로 재입대를 권했습니다. 이번에는 정말 잘해보고 싶습니다."

그의 얘기를 들으면서 나는 마음이 아팠다. 당시 장기복무자 선발이 되도록 제대로 도와주지 못했기 때문에, 또 전역 후 사회에 잘 적응하지 못하여 받았을 엄청난 스트레스가 짐작되었기 때문에, 그리고 결혼했음에도 또다시 장기복무자 선발의 난관을 넘어야 한다는 사실 때문에……. 나는 진심으로 당부했다.

"마음먹고 새롭게 재복무를 시작했으니 이번에는 우수한 성적으

준사관 임관식 행사

로 수료해서 직업군인으로 잘 정착하길 바란다.”

그는 다행히 실무에 잘 적응했다. 아마 지금까지 잘 근무하고 있을 것으로 나는 믿어 의심치 않는다.

재복무는 남군뿐만 아니라 여군들 사이에서도 늘고 있다. 여기 특별히 결혼한 주부의 재복무 사례 하나를 소개하고자 한다.《땡큐 솔져》라는 책의 저자 아내가 바로 그 주인공이다.

“나 군대 다시 가고 싶어.”

“왜 재입대야? 무슨 일 있었어?”

“아니, 무슨 일이 있다기보다는 사회에 나와서 보니 군대가 훨씬 더 좋았던 것 같아. 당시 불합리하다고 생각했던 것들이 여기서도 그대로고. 사회라고 해서 특별히 다를 것이 없어.”

결혼한 지 3년, 아이 소식도 없는데 다시 군대 간다니! 만 서른 살에 여군 부사관으로서 전역한 지 2년 만에 10년 가까이 차이 나는 20대 동기생들과 같이 뛰면서 훈련을 받아야 하는 현실! 하지만 그녀는 그 모든 걸 받아들이며 난관을 돌파했고, 지금 당당한 여군 부사관으로서 잘 근무하고 있다.

지금 직장생활을 하는 사람들 중에도 몰래 공무원 학원을 다니는 이가 점점 늘고 있다. 바로 9급 공무원 응시 연령이 폐지되었기 때문이다. 이는 사회의 수많은 일터에서 정년 보장이 안 되고, 그런 만큼 인생살이가 불확실하다는 방증이다. 늦은 나이에 공무원시험을 준비하는 그 마음은 또 어떨까!

군인도 그런 관점에서 보면 된다. 경찰공무원은 만 40세까지 응시가 가능하다. 하지만 직업군인은 특수성을 감안해서 재복무자도 30세까지만 가능하다. 재복무는 부끄러운 일이 절대 아니다. 지금은 일반 병으로 전역해서 다시 부사관으로 입대하는 사람, 또는 장교 혹은 부사관으로 전역해서 다시 부사관으로 입대하는 사람 등등 여러 유형의 재복무자들이 늘고 있다. 그만큼 사회의 그 어떤 직장보다도 직업군인은 매력적이다. 사회와 별반 다르지 않다고 재복무를 한 여군 부사관 이야기를 한 번 더 생각해보기 바란다.

모든 것은 선택의 문제다. 자기 진로에 관해서는 자신이 가장 잘 알 것이다.

재복무란 단순히 군대를 한 번 더 가는 것이 아니다. 재복무는 자신의 새로운 직업을 선택하는 문제다. 그것도 남들이 그토록 원하는 공무원 신분으로 말이다.

막연하게 일반직 공무원, 경찰공무원, 소방공무원만 고집하지 말자. 아주 다양한 혜택을 제공하는 직업군인의 길을 한 번 더 생각해 보기 바란다. 자신의 적성에 맞는 부사관 특기를 선택한다면 아주 멋진 미래가 열리는 것이다.

Question Thinking ――――――――――――――――――

1. 나는 왜 부사관을 지원하려고 하는가?
2. 내가 바라는 행복의 조건은 무엇인가?

ROTC시험에 합격하고 고민에 빠지다

무엇을 하든 고민 사항은 똑같다.

'내가 좋아하는 일을 할 것인가, 내가 잘하는 일을 할 것인가?'

혹자는 잘하면서 좋아하는 일을 하면 되지 않느냐고 할 것이다. 독자 중 지금 이런 길을 가고 있다면 축하의 박수를 보낸다. 계속 그 길로 정진하길 바란다.

직업군인을 선택한 사람들은 최소한 자신이 좋아하는 일을 택한 것이라고 나는 생각한다. 직업군인이란 단순히 월급을 받기 위한 직업이 아니다. 기회가 있을 때마다 나는 많은 사람에게 정말 직업군인이 되길 원한다면 제대로 준비하라고 말한다.

서울에 근무하면서 친하게 지내던 리더십 강사 한 분이 직업군인에 관한 재능기부 강의를 부탁했다. 평소 내가 좋아하는 일이라 흔쾌히 응했다. 이를 계기로 신촌대학교라는 시민대학을 알게 되었다. 이곳에는 정말 다양한 사람이 모여 있었다. 방송인, 현직 교수, 전문 강사, 요리사, 아나운서, 기자, 언론인 등이 기존 대학 시스템에서 배울 수 없는 학과를 개설하여 시민들을 상대로 운영하고 있었다(시민대학에서는 정말 우수한 강사들이 전하는 좋은 콘텐츠를 아주 적은 금액으로 마음껏 접할 수 있다).

나는 이런 시스템과 취지가 너무 좋아서 재능기부로 참여했다. 당시 드라마 〈태양의 후예〉가 인기리에 방영 중이었으므로 나는 '직업군인 되어볼과', '부사관 입문학과'라는 강좌를 개설했다. 그때 직업군인 컨설팅을 해준 수강생 한 명의 사례를 잠시 소개할까 한다.

토요일 오후, 커피숍에서 컨설팅을 진행했다. 그의 꿈은 전투기 조종사가 되는 것이었다. 대학교 1학년에 재학 중인 그는 이미 ROTC에 응시해 합격한 상태였다. 좀 더 세부적으로 물어보니 특이하게도 그는 무인전투기 조종사를 꿈꾸고 있었다. 사실, 외국에서는 이미 시험비행을 마치고 운용 중에 있다. 물론 우리나라에서는 쉽지 않은 실정이었다.

나는 좀 더 깊이 있게 파고들었다. 정말 그가 원하는 게 전투기 조종사가 맞는지부터 자기분석을 시작했다. 자기분석을 하면서 느끼는 것은 사람들이 남에 대해서는 잘 아는데, 정작 자신에 대해서는 잘 모른다는 것이다. 한 번도 자신에게 깊이 있는 질문과 답을 해본 적 없으니까. 대부분 무료상담소 같은 곳에서 한 번쯤 질문 받아본

게 전부였으니까.

두 시간 정도 컨설팅을 진행한 결과, 그가 정말 원하는 것은 무인전투기 조종사가 아니라는 게 드러났다. 현실적으로 군에서 무인조종을 할 수 있는 조종사가 되길 원했는데, 그에 걸맞은 것이 바로 육군항공에서 모집하는 UAV운용 준사관이었다. 육군본부 홈페이지 모집란을 확인하면 알 수 있지만, 사실 전문 지식이 없으면 그냥 지나치기 십상이다. 이럴 때는 그냥 바로 담당자에게 전화해서 문의하는 게 좋다(육군본부 홈페이지에 보면 담당자 사무실 전화번호가 친절히 공개되어 있다).

일반적인 항공운항 준사관은 민간에서 지원이 가능하지만, 그가 원하는 UAV운용 준사관은 민간에서는 안 된다. 결국 해당 특기 부사관으로 입대해야 한다는 결론이었다. 그는 자신의 진로를 명확하게 알게 해줘서 고맙다고 연신 인사했고, 그렇게 진로를 변경했다. 그날 저녁, 그에게 장문의 메일 인사를 받았다.

컨설팅 제안을 받았을·때 저는 단순히 직업군인의 진로에 대한 정보만을 얻고자 했습니다. 하지만 실제로 컨설팅을 받을 땐 진로에 대한 컨설팅뿐만 아니라 인생에 대한 교훈까지 느꼈습니다.

무엇보다 'DWTW(Dream, Why, Talent, Want)' 자기분석을 할 때 적잖은 충격을 받았습니다. 단순히 공군 장교가 되어야겠다는 꿈(Dream)만 생각했지, 왜 그런 꿈을 가졌는지(Why), 그 꿈을 이루기 위한 나의 재능(Talent)은 무엇인지는 곰곰이 생각해본 적이 없었습니다. 무엇보다 꿈너머 꿈(Want)은 난생처음 해본 고민이었습니다. '꿈을 이룬 뒤 무엇을 할 것인가?'는 이전까지 저를 비롯한 대부분의 사람이 미처 생각하지 못하는 부분임에 틀림없을 것입니다.

오늘 DWTW를 통해 저의 꿈을 더욱 구체화할 수 있었고 저에 대해 다시 한 번 생각해볼 좋은 계기가 되었습니다. 또한 알려주신 '3.3.3법칙'은 앞으로도 저의 꿈을 향해 나아갈 때 굉장히 많은 도움이 될 것 같습니다. 매일 실행하는 게 처음에는 분명 힘들 테지만 꿈을 이루고자 하는 의지로 실천해갈 것입니다.

알고 있던 잘못된 정보를 바로잡고 미처 알지 못했던 부사관, 준사관에 대해서도 알아가면서 저의 꿈을 장교가 아닌 준사관으로 수정하게 되었습니다. 명확하게 목표 설정을 했고 목표 달성을 위한 컨설팅까지 마쳤으니 저는 이제 그 꿈을 향해 달려가는 일만 남았습니다.

오늘 저는 값어치를 매길 수 없을 만큼 좋은 교훈을 얻었습니다. 다시 한 번 귀중한 시간을 내주신 김동석 선생님께 감사의 마음을 전해드립니다.

그 친구가 자신의 꿈을 꼭 이루기를 기도해본다.

무엇을 시작하는 것이 중요한 게 아니다. 목적지에 빨리 도착하는 것 또한 중요한 게 아니다. 정말 중요한 점은 내가 원하는 목표를 명확히 정의하고, 그에 따른 목표에 제대로 도착하는 것이다. 아무렇게나 목표를 세우고 그것을 달성해선 안 된다. 그것은 그저 시간 낭비일 뿐이다. 무작정 부사관으로 입대한 사람 대부분은 이내 후회한다. 내가 원하는 것, 좋아하는 것, 잘하는 것을 면밀히 따져보고 도전하자.

Question Thinking ————————————————————

1. 내가 원하는 목표는 무엇인가?
2. 나는 왜 그 목표를 이루려고 하는가?

부사관을 바라보던 시각이 변한 이유

알다시피 1997년은 IMF 외환위기로 말미암아 경제적 주권을 상실 당한 해였다. 국가적 위기 상황을 극복하기 위해 그 당시 전 국민이 나서서 금 모으기 운동까지 했다. 경제 시스템이 붕괴되고, 실업자는 증가했다. 폭등하는 대출이자를 감당하지 못한 집들이 경매 시장에 넘쳐났다.

그러한 혼돈의 시절에 아이러니하게도 군에는 큰 변화가 일어났다. 사회가 불안해지자 군인 대부분이 전역을 미루고 직업군인을 희망한 것이다. 더불어 사회에서 취직이 안 되는 많은 우수 자원이 군으로 대거 몰려오기 시작했다. 직업군인 지원율이 높아지기 시작한 것이다.

사실, 그 이전까지는 직업군인을 희망하는 사람이 거의 없었다. 당연히 장기복무자 선발이라는 제도도 없었다. 장기복무를 희망하기보다는 전역 지원서만 작성 안 하면 그냥 직업군인이 되는 시절이었다.

당시 내가 아는 성당의 한 교우가 상담을 요청해왔다. 슬하에 1남 6녀가 있었는데, 그중 막내아들이 대학입시를 재수했고, 그럼에도 대학 진학이 쉽지 않은 상황이었다.

"우리 아들을 해군 부사관으로 보낼까 하는데, 어떨까요? 주변에서는 하나밖에 없는 아들을 직업군인으로 보내려 한다고 반대가 심합니다."

나는 차분히 현실을 설명해주었다.

"부모로서 최우선으로 생각해야 할 것은 자식의 미래입니다. 아들이 대학을 가든 직업군인이 되든, 그게 중요한 것이 아닙니다. 정말 중요한 것은 자신이 원하는 인생을 사는 것입니다. 해군 부사관은 힘들지 모르지만 아들 본인이 원하기만 하면 군생활을 하면서 대학도 다닐 수 있습니다."

"정말인가요? 그럼 어떻게 할까요?"

"일단 아들에게 물어보세요. 강요해서 되는 게 아닙니다. 정말 본인이 직업군인으로서 잘할 자신이 있는지 심사숙고해야 합니다."

결국 그 교우의 아들은 해군 부사관으로 입대했고, 다행히 적응도 잘했다. 후반기 교육도 우수한 성적으로 수료했고, 실무에 나가서도 열심히 근무한 결과 진급도 동기생들보다 빨랐다.

당시 주변에서 아들을 직업군인으로 보냈다며 부정적 시선을 보내던 이들의 자식들은 대학을 졸업한 뒤에도 무직 상태였다. 해군 부사관으로 열심히 근무 중인 그 아들은 일찌감치 결혼하고 아이가 벌써 둘이다. 당연히 직업군인으로 근무하면서 본인이 원하던 대학 공부도 마친 상태다.

처음 나에게 상담을 요청했던 그 교우를 지금도 가끔 만난다. 그는 늘 말한다.

"그때 정말 올바른 선택을 했습니다. 너무나 잘한 선택이었어요."

그 이후 주변 사람들의 시선이 확 달라졌음은 물론이다.

지금은 중·고등학교 진로 상담 코너에 빠지지 않고 등장하는 것이 직업군인이다. 물론 각종 매스컴의 영향도 있을 것이다. 하지만 내가 생각하기에는 현실적으로 일반직 공무원시험이 너무 어렵다 보니 진로를 살짝 바꾸어 생각하는 것 같다. 덕분에 지금은 직업군인의 인기가 상한가를 달리고 있다.

현재 전국의 전문대학에 각종 군사학과가 증가하는 현실도 바로 직업군인의 인기가 높아지고 있음을 보여주는 것이다. 직업군인을 선택하는 길에는 두 가지가 있다.

문득 로버트 프로스트의 시 '가지 않은 길'이 떠오른다.

노란 숲속에 두 갈래로 길이 났습니다.

나는 두 길을 다 가지 못하는 것을 안타깝게 생각하면서,

오랫동안 서서 한 길이 굽어 꺾여 내려간 데까지,

바라다볼 수 있는 데까지 멀리 바라보았습니다.

33년간 군생활을 하면서 직업군인으로 장교, 부사관 두 신분을 바라보게 되었다. 그러면서 서로 가보지 못한 길에 대한 로망이 많다는 사실을 알게 되었다. 그래서 자식들이 직업군인을 희망하는 경우, 사관학교를 졸업한 장교들은 자식을 부사관으로 보낸다. 반면, 부사관 출신 부모들은 자식을 사관학교로 보낸다. 내가 가보지 못한 길이 조금이나마 좋아 보였기 때문이리라.

인생에는 사실 정답이 없다. 누가 옳은 선택을 하는지 절대적으로 알 수는 없다. 역시 가장 중요한 것은 본인의 선택이다. 다만, 나는

부부 동반 해외여행 중

부사관의 길을 걸었던 경험으로 이 책에서 말하는 것이다.

최근 인기리에 방영된 TV 프로그램 〈진짜 사나이〉 영향으로 많은 사람이 부사관 이야기를 한다. 그 덕분에 부사관 지원율이 많이 높아졌다. 가끔 직업군인을 희망하는 청년들에게 직업군인 컨설팅을 하면서 깜짝 놀라는 것이 있다. 결혼에 대한 생각이 없는 것인지 모르겠지만, 직업군인이 되겠다고 하면서 결혼에 대해서는 생각을 안 해보는 것이다. 과연 결혼생활을 하는 데 어떤 신분이 좋을까?

직업군인으로 가족들과 안정적인 생활을 하는 데는 부사관이 좋다. 주변에 종종 자신의 아들이 이번에 직업군인이 되었다며 자랑스러워하는 부모들을 만난다. 그래서 물어보면 부사관으로 입대를 했다고 한다. 그들이 꼭 장기복무자 선발이 되어서 더욱더 자랑스러운 아들이 되길 기원한다.

Question Thinking

1. 나는 왜 부사관을 지원하려고 하는가?
2. 청년으로서 내가 바라보는 행복의 조건은 무엇인가?

지금은 직업군인 컨설팅 시대

　과연 대한민국에는 얼마나 많은 직업 종류가 있을까? 2016년 한국직업사전에 등록된 직업 수는 11,927개다. 한국직업능률개발원의 조사에 따르면, 희망 직업 순위에서 직업군인은 당당히 6위다 (2016년 기준). 그만큼 직업군인의 인기가 대단하다. 그러다 보니 이제는 직업군인 영역에서도 전문가의 컨설팅이 요구되고 있다.

　여기서 잠깐, 컨설팅이란 무엇인가? 컨설팅의 사전적 의미는 '어떤 분야에 전문 지식을 가진 사람이 고객을 상대로 상세하게 상담하고 도와주는 것'이다. 컨설팅의 가장 큰 목적은 어떤 사안에 대한 방향성, 위험성, 성공 가능성 등의 검증이다. 이를 통해 추진하려는 어떤 일에 대한 실패 가능성을 사전에 진단한다. 이런 기능 때문에 기업들이 사업 추진을 할 때 그토록 많은 비용을 들여가며 컨설팅을 의뢰하는 것이다.

당연히 진로 문제에도 컨설팅이 필요하다. 가령 일반직 공무원으로 임용된 경우, 본인 스스로가 혹 잘못된 선택을 했다면 바로 관두면 그만이다. 반면, 직업군인은 임관하면 의무복무 기간 동안 절대 전역할 수 없다. 이것이 일반직 공무원과 직업군인의 큰 차이점이다. 일단 임관하고 직업군인의 길을 시작하면 의무복무 기간은 4년이다. 그다음, 어떻게 하느냐에 따라 나처럼 33년간 군생활을 할 수도 있다. 나는 순간의 선택이 10년이 아닌, 33년을 결정했다.

즉, 직업군인이 되고자 한다면 그 어떤 직업보다 전문가 컨설팅이 필요하다. 현재, 직업군인의 인기가 높아진 만큼 전문학원 또한 덩달아 증가 추세다. 직업군인을 위한 전문 학원은 대부분 부사관을 목표로 하고 있다. 남군의 경우 5~6:1, 여군은 15:1 정도의 경쟁률이다. 경쟁률이 높다는 건 사람이 몰린다는 의미다. 일반직 공무원 응시자가 많아지는 것처럼, 직업군인 응시자 역시 점점 증가하는 추세다.

하지만 대부분의 학원은 부사관시험 합격을 위한 기능 위주의 강의를 한다. 그것도 속성반, 3개월반, 6개월반 등으로 운영하다 보니 인터넷상에서는 '부사관고시'라는 말까지 생겨났다.

나는 직업군인 컨설팅을 통해 적합하지 않다는 결과가 나온다면 직업군인을 선택하지 않는 것이 최고라고 생각한다. 다시 한 번 생각해보자. 평생 나에게 맞지 않는 옷을 33년간 입고 생활하는 것이 과연 행복할까? 과거와 달리 정말 다양한 직업이 존재한다. 컨설팅 결과 직업군인이 전혀 나와 맞지 않는다면 과감히 포기하고 자신에게 걸맞은 새로운 직업을 찾아야 한다.

반면, 컨설팅 결과 정말 자신에게 직업군인이 잘 맞는다면? 이런 경우 직업군인 컨설팅의 1순위 목표는 명확한 군인생 설계를 통해 입대부터 전역까지 성공적인 군생활을 할 수 있도록 돕는 것이다.

사실, 내가 입대하던 당시에는 직업군인 컨설팅이라는 용어 자체가 없었다. 그러니 그 가보지 못한 앞길이 얼마나 막막했겠는가. 물론 지금은 미래 후배들이 나의 전철을 밟을 일이 거의 없다고 본다. 그렇다면 과연 어떻게 따져보고 직업군인을 택해야 할까? 직업군인을 선택하기 전에 컨설팅을 받지 않더라도, 다음의 네 가지는 꼭 고민해보기 바란다.

첫째, 육·해(해병대)·공의 삼군 중 어디를 어떤 기준으로 선택할 것인가?
둘째, 장교·준사관·부사관 중 어떤 신분을 선택할 것인가?
셋째, 병과(특기) 선택의 기준은 무엇인가?
넷째, 장기복무를 위한 준비는 되었는가?

최소한 이 네 가지는 진지하게 고민해보고 직업군인에 도전하기 바란다. 정말 순간의 선택이 나처럼 33년 군생활을 좌우하니까 말이다.

삼군 선택의 기준

우선 각 군의 가장 기본적인 것부터 살펴보고 따져보자.

육군의 경우, 일단 휴전선과 가장 가까운 지역에서 근무할 수 있음을 염두에 두어야 한다. 해군은 당연히 바다 위 함정 근무를 각오해야 한다. 공군의 경우, 부사관 모집에서 가장 경쟁률이 높은데, 이는 대부분 대도시 근처에서 근무하는 여건 때문이다. 하지만 공군도 백령도 같은 섬이나 높은 고지의 산 등이 근무지인 경우도 있다. 결국 33년간 몸담은 나처럼 장기 근무할 직장이라 생각하고 길게 보아야 한다.

보직은 몇 년 주기로 바뀌기 때문에 단순히 내가 좋아하는 한쪽만 보고 결정하면 안 된다. 55세 정년퇴직까지 긴 시간을 함께할 군을 선택하는 만큼, 나만의 기준이 반드시 있어야 한다. 그 기준에 자신의 꿈, 목표, 가치관이 함께해야 한다. 어떤 일이든 힘들어도 신명나게 일할 수 있으려면 내가 좋아하고 나의 가치관에 걸맞아야 한다.

해병대를 선택하는 이들은 정말 특별한 사명감을 갖고 있는 것 같다. 살벌한 훈련 등 극한의 상황이 밥 먹듯 벌어질 조직임을 충분히 알면서도 입대하니까 말이다.

진해에서 근무할 때였다. 하루는 같이 근무하는 해병대 중사가 내게 말했다.

"선배님, 저는 이곳 근무가 너무 편해서 영 마음이 편치 않습니다. 김포에서 근무할 때는 거의 매일 야근에 경계 근무를 한다고 일주일에 퇴근을 몇 번 하지 못했습니다. 하지만 힘든 줄 몰랐습니다. 제 가족도 잘 적응을 했습니다. 그 덕분인지, 부대에서는 고생했다고 잠시 후방에서 편히 근무하다 오라고 이곳으로 보내주었지 말입니다. 하지만 저도 가족도 하루빨리 김포로 돌아가고 싶습니다."

역시 해병은 해병이었다. 그 어렵고 힘든 곳으로 다시 가고 싶다니 말이다.

여하튼 각 군의 고유한 특성을 잘 알아야 한다. 만약 전투기 조종사를 꿈꾼다면 당연히 공군을 선택해야 한다. 하지만 헬기 조종사를 꿈꾼다면 굳이 공군만 고집할 필요가 없다. 육군, 해군에도 헬기 조종 인력이 필요하기 때문이다. 이럴 경우, 신중히 생각해보기 바란다. 헬기 조종사의 주력은 육군 항공이다. 과연 어떤 군에서 헬기 조종사를 할 것인지, 헬기 조종사로서 어떤 임무를 해보고 싶은지 등을 종합적으로 판단해야 한다. 과거 시절의 군대 마인드로 접근해서는 절대 안 된다.

'그냥 가서 부딪치면 되는 거 아니야?'

절대 아니다. 특정직 공무원인 직업군인의 위상이 많이 높아졌다. 특수한 전문직인 만큼 각 군의 고유한 임무를 잘 확인해서 자신에게 맞는 군을 선택해야 한다. 각 군의 임무에 따라 근무지, 복지, 자기계발 프로그램 등 많은 부분에서 차이가 있다. 먼저, 나는 어떤 군인이 되고 싶은지 자문해보자. 군의 선택은 그다음 일이다.

장교, 준사관, 부사관 중 어떤 신분을 선택할 것인가?

첫째, 장교다.

사관학교에 입학해서 〈태양의 후예〉의 주인공 유시진 대위 같은 멋진 지휘관을 꿈꿀 수도 있다. 하지만 현실은 그렇게 드라마 같지 않음을 직시해야 한다. 영화 〈명량〉에서 부활한 이순신 장군의 모습이 바로 장교의 표본이지 싶다. 힘들고 고통스러운 상황 속에서도 부하들을 통솔해야 하는 막중한 책임이 장교에게 있다. 수없이 많은 보직을 경험하다 보니, 잦은 전출입은 기본이다.

둘째, 준사관이다.

이 신분은 한마디로 소수의 아주 특별한 전문가다. 준사관이 되는 길은 두 가지다. 우선, 민간에서 바로 준사관시험에 응시하는 방법이 있다. 대표적으로 헬기 조종 준사관, 통번역 준사관이 여기에 해당된다. 경쟁률이 높지만 도전해볼 만한 가치는 충분하다. 모든 직장인이 가장 신경 쓰이는 게 바로 진급이다. 그런데 입대부터 전역까지 준사관으로 근무하니 진급에 대한 걱정 없이 정말 자기 소신껏 눈치 안 보고 근무할 수 있다.

또 한 가지 방법은 부사관으로 임관해서 상사 2년차에 준사관시험에 응시하는 것이다. 가장 보편적인 방법인데, 각 군에 따라 양상이 조금씩 다르다. 나의 경우, 부사관으로 24년 근무하고 준사관에 도전했다. 해군 부사관의 경우 24년 만에 준위가 되었다면, 이는 적당한 연차 진급이다. 부사관으로서 누구나 도전하고 싶은 계급이 바로 준사관이다. 부사관으로 임관하면 꼭 도전하길 바란다. 인원이 적은 만큼 주어지는 일 자체도 특별하다.

셋째, 부사관이다.

이 책이 다루는 핵심 신분이다. 먼저 부사관의 책무를 알아보자.

부사관은 부대의 전통을 유지하고, 명예를 지키는 간부이다. 그러므로 맡은 바 직무에 정통하고, 모든 일에 솔선수범하며, 병의 법규 준수와 명령 이행을 감독하고, 교육 훈련과 내무생활을 지도하여야 한다. 또한 병의 신상을 파악하여 선도하고, 안전사고를 예방하며, 각종 장비와 보급품관리에 힘써야 한다.

현재 대부분의 직업군인 관련 학원, 전문대학의 군사학과는 부사관에 초점을 맞추고 있다. 각 군에 따라 부사관의 역할이 조금씩 다르지만, 해군·공군의 경우는 전문 기술 부사관 위주로 운영되고 있다. 향후 첨단과학화 군 운영에 가장 필수적인 계급이 바로 부사관이다. 병사로 군복무를 마친 사람 대부분이 가장 많이 기억하는 간부는 주임원사일 것이다. 부대의 모든 살림을 맡아서 운영하고 병사들의 어려움을 직접적으로 많이 해결해주기 때문이다.

또 장교들에 비해서는 전출입이 적어서 가족들과 생활하는 데 가장 유리할 수 있다. 직업군인으로 결혼생활을 하는 데 가장 좋을 것이다. 아울러 해군·공군의 경우는 전문 기술 업무를 담당하기 때문에 각종 공부와 연구를 많이 해야 한다. 자신의 전공 분야 하나는 모든 것을 완벽하게 책임지는 최고의 베테랑이 될 수 있다. 당연히 전역하고 새로운 인생을 시작하는 데도 유리하다. 대부분은 평생 한 가지 일만 했는데 전역하고는 다른 일을 하고 싶다고 하지만, 결국 같은 일을 하고 있는 선배들을 많이 보았다.

세 가지 신분 중 부사관은 가장 많은 장점을 가지고 있다. 물론 부사관에서 준사관, 장교로 신분 전환도 가능하다. 가령 부사관으로 임관하고 공부를 더 해서 육군3사관학교에 입학할 수도 있다. 물론 언제든 바로 조종 준사관에 응시할 수도 있다. 그러다 보니 점점 부사관 지원자가 늘어나고, 장기복무가 어려워지는 게 현실이다.

직업군인으로 어떤 신분을 선택할 것인지는 매우 중요한 부분이다. 아울러 직업군인을 선택할 때 놓치지 않고 생각해볼 게 하나 있다. 바로 결혼생활이다. 직업군인에게는 결혼생활도 대단히 중요한 문제다. 자녀들 교육 문제, 이사 문제 등 여러 변수를 고려해야 한다. 결혼생활 때문에 조기전역을 하는 군인들도 많이 보았다. 어떤 직장이나 가정은 중요한 문제이니, 직업군인의 신분에 따라 결혼생활에 미치는 영향은 매우 다르다는 점을 꼭 명심하기 바란다.

병과(특기) 선택의 기준은 무엇인가?

직장생활하는 사람들의 희망 사항이 무엇일까? 자신이 좋아하는 일을 하는 것 아닐까? 하지만 현실에서 과연 그런 사람은 얼마나 될까? 그럼 정말 내가 좋아하는 일을 하려면 어떻게 해야 할까? 분명한 것은 시작을 잘해야 한다는 점이다.

대기업에는 수많은 부서가 있다. 거기 입사해서 운이 좋다면 다양한 부서를 넘나들면서 경험을 쌓게 될 것이다. 그럼 군대는 어떨까? 군대는 사회의 모든 분야가 다 있다고 보면 된다. 대기업 중 60만 명 정도의 직원을 가진 기업이 과연 얼마나 있을까? 군은 사회에서 하고 싶어 하는 일의 모든 분야가 다 있다고 보면 된다. 중요한 것은 내가 무엇을 할 준비가 되어 있고, 정확히 내가 무엇을 하고 싶은지를 알고 있어야 한다는 것이다.

종종 정말 무성의하게 일하는 후배들을 만난다. 그럴 때마다 나는 묻는다.

"자네는 군생활에 미련이 없는 거지?"

"아닙니다. 저는 정말 군대 체질입니다. 꼭 장기복무자 선발이 되어서 군생활을 계속하고 싶습니다."

"그런데 자네 일하는 것을 보면 군대하고 맞지 않는 것 같아. 그러니 전역하고 새로운 일자리를 찾아보는 게 어떻겠어?"

그러면 한숨과 함께 속내를 이야기한다.

"사실은 부사관 지원할 때 어떤 병과를 지원해야 하는지 몰라서 그냥 가장 많은 인원을 선발하는 특기를 지원했습니다."

그런데 임관하고 후반기 교육을 받아보니 자신의 적성하고 전혀 안 맞고, 공부를 해도 잘 모르겠다는 것이다. 만약 이게 사회라면 어떻게 하면 될까? 부서장 면담을 통해 사실대로 이야기를 하고 본인이 원하는 부서로 옮기면 된다. 그런데 군대는 한 번 부여받은 특기는 전역하기 전까지 아주 특별한 경우를 제외하고는 절대 바꿀 수 없다. 그 친구 이야기를 들으면서 참 딱하다는 생각이 들었다. 여러분은 평생 근무할 직장을 구한다는 마음으로 정말 신중하게 특기를 선택하기 바란다. 이런 친구들 가운데 4년 만기전역을 하고 다른 특기로 다시 입대하는 경우도 간혹 보았다.

한번은 정보통신 특기를 받은 친구와 이야기를 나누었다.

"자네는 본인의 특기에 만족하는가?"

"만족하지는 않지만 할 수 없지 않겠습니까?"

"그럼 왜 정보통신 특기를 선택했는가?"

"대학 전공에 맞추어 선택했습니다. 그런데 막상 근무하면서 보니까 제 적성과 맞지 않았습니다. 사실, 대학 전공도 제가 원해서 간 것이 아니라 수능 점수에 맞추어 선택한 것입니다. 지금은 어쩔 수 없이 그냥 맞춰가면서 군생활을 하고 있습니다. 만약 제가 전역하고 재복무를 선택하면 절대로 정보통신이 아닌 다른 특기를 받을 것입니다. 정말 직업군인을 희망하는 후배가 있다면 꼭 말해주고 싶습니다. 자신이 좋아하는 일을 할 수 있는 특기를 선택하라고 말입니다."

사실, 자신의 특기에 만족하기보다는 그냥 맞춰가면서 군생활을 하는 사람들이 참 많다. 이제 새롭게 군생활을 시작하려는 사람들은 앞선 선배들의 후회를 꼭 반면교사로 삼기 바란다. 어떻게 30년 넘는 시간 동안 내 몸에 맞지 않는 옷을 입고 근무할 수 있겠는가?

빠른 선택보다 중요한 것은 제대로 된 선택을 하는 것이다. 나도 맨 처음 부여받은 특기가 정말 나에게 맞지 않았다. 당시에는 입대자가 특기를 선택할 조건이 하나도 없었다. 그냥 훈련소에서 부여하는 대로 특기를 받았다. 하지만 정말 운 좋게도 군생활 중에 새로운 특기가 신설되면서 특기 전환 기회를 잡을 수 있었다. 그 덕분에 내가 좋아하는 일을 하면서 근무할 수 있는 행운을 누렸다.

지금은 부사관 지원서를 접수할 때 이미 전문 특기 선택이 가능하다. 만약 정말 자신이 좋아하는 특기를 선택하고 싶은데 자격증이 부족하다면, 차라리 입대를 늦추더라도 자격증을 취득하고 꼭 자신이 좋아하는 특기를 선택하기 바란다. 명심할 것은 대학의 전공이나 관련 자격증이 중요한 게 아니라, 내가 좋아하는 것이 최우선이라는 점이다. 내가 좋아하는 일이면, 입대하고 공부할 기회는 얼마든지 있다. 그 무엇보다도 자신이 좋아하는 일을 선택하라. 이것이 33년 군 경험자의 살아 있는 조언이다.

장기복무를 위한 준비는 되었는가?

가끔 내가 직업군인이라는 사실을 모르는 부모님들이 나에게 자랑스레 아들 자랑을 한다.

"이번에 우리 아들이 직업군인이 되었답니다."

"정말 잘되었네요. 어디로 입대했어요?"

"육군 부사관으로 입대했어요."

"축하합니다. 정말 잘되었네요. 그런데 그렇게 부사관으로 가면 정말 직업군인이 되는 건가요?"

"당연하죠. 이번에 부사관 지원자가 많아서 엄청 어렵게 들어갔어요. 이제 걱정 끝이지 뭡니까."

이런 부모님들에게 나는 차마 장기복무자 선발이 되어야 진정한 직업군인이 될 수 있다는 이야기를 하지 못한다. 입대할 때부터 높은 경쟁률을 뚫어야 하지만 그보다 중요한 건 임관 4년차에 장기복무자 선발이 되어야 하는 점이다. 지금 부사관시험에 합격하는 게 중요한 것이 아니다. 정말 중요한 것은 바로 장기복무자 선발 여부다. 요즘 부사관 학원, 대학의 군사학과는 이 부분에 대해서 별로 신경을 안 쓴다. 그들의 목적은 부사관시험 자체에 합격시키는 것이다.

이는 그야말로 인문학적 소양이 없는 기능 강의에 불과할 뿐이다. 가장 중요한 부분을 감추고, 오로지 부사관시험 합격이라는 겉포장에 맞게 기능성 교육만 한다. 이제부터라도 좀 더 차별화된 강의를 했으면 좋겠다. 수강생 선발에 앞서 정말 직업군인이 적합한지부터 고민해주었으면 한다. 그래야 힘들게 부사관시험에 합격하고 제대로 군생활을 거쳐 임관 4년차에 장기복무자가 될 수 있을 것이다.

각 군마다 조금씩 차이가 있지만 평균적으로 장기복무자 선발 비율은 30% 정도다. 만약 동기생이 100명이라면 30명만 선발되고 나머지 70명은 강제 전역이 되는 것이다. 물론 선발 기회는 세 번 주어진다. 하지만 1차에 선발이 안 되면 2차, 3차는 더 힘들다고 봐야 한다. 따라서 이런 이야기를 입대 전부터 알려주고 사전에 충분히 준비할 시간을 주는 게 필요하다고 본다. 전국 대학의 군사학과 역시 이런 사실을 학생들에게 충분히 인지시키고, 다른 대학과 차별화한다면 훨씬 더 경쟁력이 있을 것이다.

작년 한국직업방송에 직업군인을 소개하고자 출연한 적이 있다. 사회자가 마지막으로 직업군인을 희망하는 사람들에게 한마디 해달라고 해서 이렇게 말했다.

"군인은 아무나 될 수 있지만, 직업군인은 아무나 못 된다."

사회에 비정규직이 늘어나는 것처럼 군에도 수많은 사람이 몰리면서 어쩔 수 없이 비정규직의 양상이 펼쳐지고 있다. 임관 후 4년간 정말 열심히 노력해서 장기복무자 선발이 되면 비로소 정규직이 되는 것이다. 직업군인 되는 것이 너무 어렵다고 생각하는가? 절대 그렇지 않다. 나의 경험상 직업군인 되기를 간절히 원한 사람들은 대부분 장기복무자가 되었다. 장기복무자 선발이 안 되는 경우는 대부분 말뿐이고 실제로는 행동하지 않는 이들이었다.

55세 정년 보장을 위해서 4년 정도 열심히 근무하는 것이 그리 어려울까? 난 아니라고 생각한다. 정말 직업군인으로 성공하고 싶다면 이미 입대 전부터 자기 특기에 필요한 자격증부터 착실히 준비해서

2016년 한국직업방송 직업군인 소개 코너에 출연하여

입대하게 마련이다. 이 정도는 노력해야 하지 않을까? 내가 경험한 장기복무 1차에 선발되는 친구들, 그리고 너무나 힘들게 3차에 선발되는 친구들은 분명한 차이가 있었다. 고민하고 어렵게 준비했다면, 그만큼 더 쉽게 1차로 장기복무자 선발이 될 수 있음을 믿자.

정말 직업군인을 희망한다면 지금까지 언급한 네 가지 사항은 꼭 기억하기 바란다. 일반직 공무원에 비하면 정말 다양한 분야가 있다. 미처 생각하지 못한 부분까지 준비되어 있는 곳이 바로 군대다.

무조건 가고 보자는 식의 부사관 지원은 이제 안 된다. 그건 정말 시간 낭비일 뿐이다. 충분히 고민하고 면밀히 준비해서 선택한다면 정말 자신이 원하는 군생활을 할 수 있다. 부모님이 "우리 아들 이제 직업군인이 되었다!"고 기뻐하는데 머지않아 장기복무자 선발이 안 되어 강제로 전역하는 그런 모습을 보여서야 되겠는가. 그런 상황을 만들지 말지는 바로 여러분의 선택에 달려 있다. 명확한 군인생 설계를 통해 행복한 직업군인의 길을 걸어가기 바란다.

끝으로, 직업군인 컨설팅이 필요한 세 가지 이유를 정리해본다.

첫째, 타인에 대한 배려다.

매년 군복무 부적응자가 늘고 있다. 의무복무인 병사들의 경우는 어쩔 수 없지만, 간부들 중에도 부적응자가 있다는 사실이 걱정스럽다. 이 한 명의 간부를 위해서 얼마나 많은 사람이 본인의 업무도 못하면서 힘들어하는지 알아야 한다. 간부는 본인이 원해서 입대한 것이다. 그런데 자신과 안 맞다고 하면 어쩌란 말인가? 직업군인을 선택하기 전에 과연 자신과 맞는지, 자신에게 어떤 사명감이 있는지 철저히 확인하기 바란다. 임관하면 무조건 의무복무 4년을 채워야 전역할 수 있다. 임관하고 후회스럽다고 주변 사람들에게 피해주는 일은 절대 없어야 한다. 내가 누군지를 정확히 알고 내가 원하는 군, 신분, 특기를 선택해서 행복한 군생활을 해야 한다. 그것이 진짜 타인에 대한 배려다.

둘째, 나에 대한 행복이다.

군인과 행복이 어울리는가? 물론이다. 누구나 자신이 좋아하는 일을 하면 아무리 힘들어도 행복하다. 절대로 힘들다고 안 한다. 그래서 누구나 힘든 줄 알고 특수부대를 지원하고, 그 어려운 훈련을 견디는 것이다. 왜일까? 내가 알고 지원했기에, 훈련을 즐기면서 받고 그 성취감에서 행복을 찾기 때문이다. 기왕에 직업군인의 길을 선택한다면 내가 좋아하는 행복한 특기를 선택하자. 내가 좋아하는 일을 잘할 때까지 견디면 행복한 군생활이 보장된다.

셋째, 최고의 전문가가 되는 것이다.

직업군인으로 외길 인생 33년을 걸어야 한다. 나는 어떤 분야의 최고 전문가가 될 것인가를 충분히 고민하고 선택하자. 지금 내가 잘하고, 좋아하는 것이 아니라, 강산이 세 번 바뀔 때까지 지치지 않고 최고의 전문가로 남기 위함이다. 해군에는 33년 군생활 중 함정 근무만 30년 가까이 한 사람도 있다. 그런 이는 그 분야 최고의 베테랑이다. 함정의 엔진 소리만 들어도 어디가 문제인지 단번에 알아낸다.

직업군인으로 33년이라는 긴 시간을 보내기 위해서 가장 필요한 사항은 내가 좋아하는 일을 선택하는 것이다. 내가 전공한 것이 내가 좋아하는 게 아닐 수도 있다. 그런 선택으로는 결코 오래 이어갈 수 없다. 따라서 본인이 진정으로 좋아하는 특기를 선택해야 한다. 그 분야의 최고가 되도록 지속적인 반복 교육, 현장 실습을 해야 한다. 이렇게 최고의 전문가로 양성하는 시스템이 바로 부사관이다.

자신의 명확한 목표와 좋아하는 군, 신분, 특기를 선택한다면 누구나 성공적인 군생활을 할 수 있다. 직업군인은 전문 직업의 영역이다. 긴 안목으로 신중히 선택하기 바란다.

노파심으로 한마디 더 하자면, 오늘날의 신세대들에게 참을성을 강조하고 싶다. 좋아하지만, 잘 못하는 것을 배워서 전문가로 성장하는 데는 그것을 견디는 시간이 필요하다. 그 시간이 바로 인생을 성공으로 안내하는 나침반이다. 어떤 사람도 노력이라는 시간을 건너뛰고 전문가가 될 수 없다. 배움의 시간을 견디면 성공의 문이 열릴 것이다. 바로 당당한 전문 직업인의 세계가 기다릴 것이다.

이제, 33년 군인생을 결정할 단 한 가지 노력이 필요하다면 바로 직업군인 컨설팅을 받는 것이다.

Question Thinking ----------------------------------

1. 나는 왜 직업군인이 되려고 하는가?
2. 군에서 내가 하고 싶은 일은 무엇인가?

실업계 고등학교와 부사관은 찰떡궁합이다

전국의 수많은 교육기관의 최대 과제는 취업률을 높이는 것이다. 그런데 현실은 그리 만만치가 않다. 대학을 선택할 때도 당연히 취업이 잘되는 대학을 선택하려고 한다. 과거에는 단순히 명문대학을 선호했다면 지금은 대학보다 더 중요한 것이 취업률이고 그 성과를 내는 학과이다. 이렇게 심혈을 기울여 선택한 대학을 졸업해도 취업률은 대략 60%다. 전문대학 취업률이 높아지니 4년제 대학교를 졸업하고 거꾸로 전문대학에 입학하는 비율도 높아지고 있다. 참으로 서글픈 취업 현실이 아닐 수 없다.

그럼 고등학교를 졸업한 경우는 어떨까? 고졸 학력의 취업률은 훨씬 더 낮다. 이 취업률도 아르바이트를 하는 사람까지 전부 취업률로 계산한 것이다. 4대보험에 가입한 직장만 통계를 잡으면 훨씬 떨어진다.

자, 그럼 정말 현실적으로 생각해보자. 왜 4년제 대학교를 졸업하고도 취업이 안 될까? 왜 처음부터 전문대학을 안 가고, 4년제 대학교를 졸업하고 전문대학을 다시 들어갔을까? 무엇이 문제였을까? 취업에 대한 본인의 중심이 없었던 거다. 무엇을 할 것인지, 무엇을 해야 하는지, 고민하지 않았던 결과인 것이다. 실업계 고등학교를 졸업한 사람들도 마찬가지다. 노력하지 않고 좋은 직장에 취업하는 일이란 있을 수 없다.

그럼 현실적으로 한 번 더 생각해보자. 가장 적은 시간과 돈을 투자해서 정규직으로 취업하는 방법은 무엇일까? 그것도 자신의 전공에 맞는 일을 할 수 있는 직장 말이다. 그 방법은 실업계 고등학교를 졸업하면서 자신의 전공에 맞는 부사관 특기를 선택하는 것이다. 이 경우 무엇이 유리한지 세 가지로 정리해보자.

첫째, 고등학교 졸업 뒤 바로 부사관으로 입대하면 대학 학자금을 절약하고 병역의무까지 해결할 수 있다.

둘째, 고등학교 전공을 살릴 수 있다. 예컨대 실업계에서 전기, 전자를 전공했다면 부사관으로 전기, 전자 특기를 지원할 수 있다. 이 경우는 가산점을 주기도 하고, 관련 자격증이 있으면 훨씬 더 유리하다. 아울러 이미 3년간 실업계에서 공부했으므로, 후반기 교육에서도 우수한 성적을 받을 확률이 높다. 이건 장기복무자 선발, 진급 모두에 훨씬 유리하다.

셋째, 대학 졸업자보다 진급에 차별도 없고 군생활도 훨씬 일찍 시작하기 때문에 전역 후 군인연금을 받는 데도 훨씬 유리하다. 필요시 대학은 군장학생으로 다닐 수도 있다. 즉, 부사관을 지원하는 경우 실업계 고등학교 또는 전문대학을 졸업한 후 전공을 살려서 지원하는 것이 가장 좋다.

사실, 군에 부사관으로 가장 필요한 인재가 실업계 전공자이다. 경험상, 일반 대학이나 인문계 출신들은 기술 분야를 배우는 데 약간 어려움을 겪을 수 있다. 실업계 출신들은 대부분 자신의 전공에 맞는 특기를 지원하면 된다. 이 경우 후반기 교육을 받을 때 절대적으로 유리하다. 실업계 3년 동안 전공 과목의 이론과 실습을 충분히 병행했을 것이다. 군에서 부사관들의 역할도 첨단 장비들을 관리하는 것이다. 그래서 군에서는 일부 전문대학과 제휴를 맺고 핵심 인재를 양성하고 있다.

실업계를 졸업하고 바로 부사관으로 입대하는 것이 가장 좋지 싶다. 실업계 졸업과 동시에 특정직 공무원 신분이 되면서 말이다. 부사관의 경우, 고3 후반기부터 졸업 예정자로 지원이 가능하다. 빠르면 졸업 전인 12월에 입대할 수도 있다. 인문계 고등학교를 졸업한 친구들이 대학을 졸업하고, 아르바이트 전전하는 것을 종종 목격한다. 어떤가? 비싼 등록금과 시간을 투자해 대학을 졸업하고 아르바이트를 할 것인가? 아니면 실업계 고등학교 졸업과 동시에 부사관으로 임관하여 안정적인 공무원 신분이 될 것인가? 선택은 자신에게 달려 있다.

가끔 고등학교 진로 특강을 나가면 직업군인에 대한 질문이 쏟아진다. 그만큼 직업군인에 대한 관심이 높다. 하지만 이 청소년들의 나이에는 부모님들의 역할이 더 중요하지 싶다. 나는 개인적으로 실업계 고등학교 학부모님들을 대상으로 이런 특강을 진행하고 싶다. 부모 입장에서 자녀들 미래에 대해 함께 충분히 고민해야 한다. 학교 입장에서는 취업률을 높일 수 있고, 부모 입장에서는 자녀들의 안정적인 미래를 확인할 수 있으니 말이다.

부사관으로 입대 시 좋은 점을 다시 한 번 꼽아보자.

임관 후 4년간 근무하면서 첫째, 병역 의무를 마칠 수 있다. 둘째, 4년간 해당 분야의 실무 경험을 쌓을 수 있다. 이는 전역 후 경력직으로 취업하는 데 매우 유리하다. 셋째, 4년간 착실히 저축하면 5천만 원 정도는 모을 수 있다. 이는 대학 학자금으로 충분한 금액이다.

같은 사무실에 근무하는 삼군 준사관들

결국 실업계 졸업 후 부사관으로 입대하면 취업은 기본이고 경력, 병역의무, 학자금 마련까지 네 마리 토끼를 한꺼번에 잡을 수 있다.

부사관의 특기는 매우 세분화되어 있다. 만약 4년간 복무 후 전역한다면, 그간 쌓은 실무 경력은 크게 도움이 될 것이다. 그 경험으로 전역 후 바로 취업하는 경우도 아주 많다.

지금은 군과 기업이 함께 일하는 시스템이 많다. 따라서 부사관으로 근무하면서 성실하고 실력만 인정받으면 취업은 걱정 없다. 가끔 기업에서 부사관 전역자를 추천해달라고 해도 사람을 구하기 힘들 정도다.

대전에서 함께 근무하던 유능한 하사 하나가 있었는데, 그의 집은 부산이었다. 장기복무를 시키려고 면담했더니 전역 후 부산에서 살고 싶다고 했다. 나는 물었다.

"전역한 뒤 일할 곳은 정했는가?"

"준비 중입니다."

"그럼 혹시 군 관련 회사에서 일할 생각이 있는가?"

이 물음에 그는 반색했다. 결국 나는 그를 전역과 동시에 부산에 있는 군 관련 회사로 취업을 시켰다. 4년간 군에서 경험한 일을 가지고 경력사원으로 바로 취업이 된 것이다.

후반기 교육을 담당하는 학교에서 교관으로 근무하면서도 느꼈고, 실무에서 함께 일을 하면서도 느낀 것이 있다. 실업계 출신들의 부사관 적응력이 가장 빠르다는 사실이다. 나는 실업계 출신들에게는 사회의 그 어떤 직장보다도 특정직 공무원인 부사관이 가장 잘

어울린다고 생각한다.

전국 수많은 교육기관의 최대 고민은 취업이다. 정부에서도 청년 실업률 문제 해결을 제일의 과제로 삼고 있는 상황이다. 직업군인으로도 많은 인재가 몰려오고 있다. 과연 어떤 직장에서 나의 전공을 살리고 내가 좋아하는 일을 할 수 있을지 생각해보라.

청년들의 취업 문제는 학생, 진로 상담 교사, 부모 모두가 같이 고민해야 할 사항이다. 나는 강력히 추천한다. 실업계 고등학교를 졸업하는 학생이라면 부사관에 지원하라. 순간의 선택이 10년이 아닌, 평생직장을 좌우한다!

Question Thinking

1. 나의 첫 직장은 어떤 기준으로 선택할 것인가?
2. 내 전공을 살릴 수 있는 직장이라면 지원할 것인가?

Chapter 4

행복한 노후의 지름길,
직업군인

대기업 출신들은 노후 걱정,
직업군인은 즐길 걱정

1997년 IMF 외환위기 이후, 정규직과 정년퇴직이라는 말이 참으로 낯설어지고 있다. 이제는 사오정을 넘어서 오륙도(56세까지 직장에 남아 있으면 도둑)라는 말이 일상처럼 다가오고 있다. 나는 안 변했는데 왜 사회는 자꾸만 나에게 변화를 요구하는 것일까? 내가 무능한 것인가? 아니면 갑자기 내가 모르는 새로운 세상이 만들어진 것일까? 열심히 한창 일할 나이에 왜 그만두라는 것일까?

대학 졸업생 모두가 원하는 것이 정규직 일자리다. 취업 시장에서는 업무 성격, 적성은 나중 문제이고 일단은 정규직, 비정규직으로 갈린다. 여기에 인턴사원제까지, 정말 힘들고 어려운 취업 시장이다. 지금 대학을 다니고 있는 청춘들의 현실 앞에서 자꾸만 측은지

심이 밀려온다.

과거에는 대기업에 입사하면 정말 좋았는데, 이제는 그 내부에서도 승진을 꺼린다는 말이 나온다. 왜일까? 빨리 올라가면 그만큼 빨리 나가야 한다는 논리 때문이다. 가능한 한 가늘고 길게 가고 싶다는 자조적인 생각이 아닐 수 없다.

IMF 외환위기 사태가 터졌을 때, 전역한 동기 중 지방은행에 다니는 친구가 있었다. 그는 그야말로 명예퇴직자 1순위로 지목되었다고 한탄했다. 결국 다소 많은 명예퇴직금을 받는 조건으로 은행을 나왔다. 무엇을 할까 고민하는 사이에 퇴직금은 점점 줄어들었고, 집 근처에 매물로 나온 치킨집을 덜컥 시작했다. 하지만 대개 그렇듯 6개월을 못 버티고 퇴직금을 몽땅 날렸다.

그 시절 가장 장사가 잘된 곳이 바로 간판 가게였다. 가게에 새 간판을 달아주고 나면 얼마 못 가서 또다시 새로운 간판으로 교체해주어야 했다고 하니, 얼마나 많은 자영업자가 힘들었을지 짐작이 된다.

그 동기가 훗날 영업 사원이 되어서 몇 번 부대 근처에 납품하러 왔다. 정말 은행원 시절과는 너무 변해 있었다. 그때 그가 진심을 담아 말했다.

"야, 절대 제대하지 말고 버텨라. 사회에 나오면 찬바람 쌩쌩 분다. 아무도 알은체 안 한다. 그냥 군대생활할 때가 최고다. 명심해라. 절대 제대하면 안 된다!"

그 동기의 염려 덕분에 나는 오래도록 군복을 벗지 않았다.

전역한 지 20년이 넘은 또 다른 친구가 있다. 이 친구는 전역하고 공부를 시작해서 다행히 국내 굴지의 철강 회사에 입사했고, 지금까지 잘 다니고 있다. 다만, 이제 슬슬 눈치가 보이기 시작한단다. 해외 출장도 거의 후배들이 다니고 이제는 회사에서 내근만 하고 있단다. 그러다 보니 퇴근길에 자꾸만 자영업자들이 눈에 들어온단다. 김밥집, 피자집, 치킨집 등등……. 그 마음이 이해는 된다. 전역 후 대기업에 다닐 때는 정말 월급도 많이 받고 그야말로 살 만했다.

'전역하길 정말 잘했다!'

그렇게 생각하고 살았는데, 막상 퇴직 시점에 이르다 보니, 무엇을 해야 할지 막막하다고 한다. 특별히 노후 대책을 마련한 것도 아니고, 아이들 대학 졸업시키고 나니, 달랑 집 한 채가 전부란다. 퇴직은 다가오고, 국민연금 수령은 한참 멀었다. 최대한 회사에서 버틸 수 있을 때까지 버티려고 하는데 과연 언제까지 가능할지 모르겠단다.

왜 이렇게 된 것일까? 같이 시작했다가 중간에 헤어져서 누구는 대기업으로, 누구는 군생활을 지속하고……. 그리고 다시 만났는데 왜 서로 이렇게 다른 걱정을 하고 있는 것일까?

올해부터 동기들이 대부분 전역을 하거나, 전직 교육을 나간다. 전역하고 무엇을 할 것인지가 지금 최대의 화두다. 평균적으로 아무것도 안 하고 한 1년은 무조건 푹 쉬겠다고 한다. 그동안 해외여행 못 나간 것도 자유롭게 다니면서 그야말로 힐링의 시간을 보내고 난 뒤, 무엇을 할지 고민하겠다는 것이다. 무슨 배짱일까? 대기업에서 잘나가던 친구들은 퇴직 이후 어떻게 살아야 하나 고민하느라 난리인데, 군생활을 마감하는 동기들은 해외여행이나 다니면서 힐링의 시간을 보내겠다니 말이다.

군에서 정년퇴직을 하는 동기들은 일단 전역 바로 다음 달부터 군인연금이 지급되기 때문에 생활에 큰 곤란을 받지 않는다. 씀씀이만 조금 줄이면 생활하는 데 딱히 지장이 없다. 그러니 어떻게 건강을 유지하면서 시간을 보낼까 고민하는 것이다.

삼군 본부가 있는 계룡시에는 전역한 군인들이 많이 거주한다. 그러다 보니 그곳에 근무할 때 점심시간이면 이 식당 저 식당에서 전역한 선배들을 자주 만났다. 근황을 물어보면 하나같이 여유가 있었다. 아침에 가볍게 등산하고, 점심은 주변 식당에서 점심 특선으로 해결하고, 오후는 골프연습장에서 주로 시간을 보낸다. 일주일에 한두 번은 모여서 라운딩도 한다. 전역한 사람들도 모두 군복지 시설을 이용할 수 있으니 일반인들은 상상도 못할 문화생활을 저렴하게 즐기면서 노후를 보내고 있었다. 전역한 군인들 입장에서 계룡시는 정말 좋은 곳이다. 꼭 이곳이 아니어도 군복지 시설이 잘 갖추어진 부대 근처에 정착한다면 전역한 군인들은 누구나 이런 생활을 즐길 수 있다.

공무원, 대기업, 사회 어떤 직장을 퇴직해도 이런 생활을 하기란 힘들 것이다. 현직으로 근무하면서 감내해야 했던 힘든 생활을 퇴직 후 모두 보상 받을 수 있는 것이 나는 직업군인이라 생각한다. 나는 전역을 앞두고 내 사명을 이렇게 정의해본다.

"군에서 내가 받은 혜택을 어떻게 사회에 환원할 것인가? 그 길을 준비하자. 자신의 진로를 결정하지 못하고 방황하는 청년들에게 스스로의 힘으로 무엇이든 할 수 있다는 것과 그 길을 알려주고 싶다. 내가 그렇게 방황할 때 이런 길을 알려주는 사람이 없었다. 아직도 직업군인의 길을 통해 자신의 꿈을 이룰 수 있다는 것을 모르는 청년들이 많다. 내가 먼저 경험한 그 길을 정확히 설계해서 안내하고 싶다!"

진정으로 직업군인을 꿈꿔보라. 이제 군인은 전문 직업의 영역이다. 그만큼 경쟁도 치열하다. 제대로 준비하지 않으면 비정규직으로 끝날 수 있다. 자신을 알고 제대로 준비해서 성공적인 직업군인이 되어보자.

Question Thinking ─────────────────────────

1. 퇴직 준비는 어떻게 할 것인가?
2. 경제적 자유를 누린다면 어떤 일을 하고 싶은가?

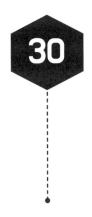

군대에서 공부하고 대학 교수가 되다

인생 목표가 대학 강단에서 훌륭한 교수가 되는 것인 사람들이 있다. 하지만 현실적으로 대학 교수가 되기란 참으로 쉽지 않다. 대학 강단의 실정을 보면, 우리나라의 수많은 교수 중 이른바 정교수는 얼마 되지 않는다. 정교수의 자리가 한정된 데 반하여 교수가 되려는 이들이 많다 보니, 점점 시간 강사만 늘고 있다. 고학력자들이 넘쳐나는 가운데 해외에서 박사 학위를 받았을지라도 어지간해서는 시간 강사부터 해야 한다.

이러한 분위기 속에서 지금은 군에서도 해외로 석·박사 유학을 많이 보내고 있다. 첨단과학화한 군을 운영하기 위해서는 당연한 일이다. 부사관들의 경우도 본인이 희망하면 대부분 석사까지는 공부할 수 있도록 지원해주고 있다.

직업군인들은 정말 공부를 많이 해야만 하는 직업 중 하나다. 그런 만큼 군대는 사회의 그 어떤 직장보다도 많은 교육 콘텐츠를 제공하고 있다. 필요시 야간에 대학 및 대학원을 다닐 수 있도록 학자금을 지원해주는 등 각종 편의를 제공하는 것은 그만큼 군에 도입되는 많은 첨단 장비를 운용하는 데 필수적인 지식이 늘어나고 있기 때문이다.

나의 경우, 고등학교를 졸업하고 입대해서 대학원까지 다녔다. 사실, 대학원 진학은 생각하지 못하고 있었는데, 인근 부대에 근무하는 선배가 함께 대학원을 가자고 제안한 덕분이었다. 당시 그 선배는 군에서 검정고시로 고등학교를 마치고, 방송통신대학까지 마친 상태였다. 평소 공부를 좋아하던 나였고, 존경하는 선배가 대학원을 가자고 제안하니, 전공 분야에 대한 고민이 이만저만 아니었다. 군에서 발생하는 많은 갈등 요소를 효율적으로 관리해보고자 상담 분야를 찾았는데 가까운 대학교에는 상담 관련 대학원이 없었다. 그래서 차선책으로 찾은 분야가 '사회복지학'이었다. 나는 경남대학교 행정대학원에서 사회복지학을 전공했고, 선배는 김해대학교를 선택했다.

선배 이야기를 좀 더 하자면, 그는 주임원사로서 평소 병사들 관리에 남다른 애정을 보였고, 그런 만큼 지휘관의 신뢰 또한 높았다. 병사들 문제점을 쉽게 파악하기 위한 각종 심리 도구를 활용해서 누구보다도 열정적으로 관심병사들을 잘 관리했다. 그 덕분에 부대는 병사들 사건 사고가 한 건도 없었다. 대학원을 마치고 나서는 바로 상급부대의 주임원사로 발령받았다.

선배는 대학원을 마치고 바로 박사 과정에 들어갔다. 박사 학위를 마칠 때쯤 전역을 했고, 박사 학위를 받으면서 바로 모교인 김해대학교에 교수로 취업했다. 참으로 열정이 대단했는데, 남다른 봉사를 많이 했다. 비행 청소년들의 변론을 위해 법원에서 국선청소년변호인으로 활동하면서 한순간 잘못을 저지른 청소년들이 소년원 대신 새로운 곳에서 재기할 수 있도록 돕는 일도 했다.

지금은 사회복지사로 활동하면서 평소 꿈이던 사회복지쉼터를 직접 운영하고 있다. 청소년 10명을 직접 위탁받아 자식처럼 돌보면서 함께 생활하고 있다. 올해는 새롭게 상담학 박사 학위를 받았

대학원 졸업식 기념 촬영

다. 남들은 단 한 개의 박사 학위에 도전하는 것도 어려운데, 군에서 공부를 시작하여 사회복지학, 상담학 두 개의 박사 학위를 취득한 것이다.

이제 선배는 또 다른 일을 준비하고 있다. 인생은 선택에 달려 있다. 지금 이 순간 내가 무엇을 선택하는가에 따라서 미래는 달라진다. 지나친 걱정을 하고 안정적인 미래만 꿈꾼다면 아무것도 이룰 수 없을 것이다. 해군에서는 이런 말을 자주 한다.

"강한 파도는 강한 어부를 만든다."

무엇이든 할 수 없을 것이라는 생각을 버리고 지금 도전하라. 군에서 공부를 시작하여 대학 교수까지 간다는 것은 터무니없는 이야기가 아니다. 이것의 현실화는 자기 자신에게 달려 있다. 막연히 고시원에서 일반직 공무원시험에만 매달릴 것인지, 아니면 과감히 직업군인의 길을 선택해서 나만의 꿈을 이룰 것인지 선택은 각자의 몫이다. 군에서 열심히 근무한 사람들은 사회에서도 반드시 좋은 대우를 받는다. 무엇을 하든 본인의 마음가짐이 관건이다.

고학력 시대, 무조건 공부만 할 것이 아니다. 목표를 분명히 정하고 하나의 방향으로 최선을 다해야 한다. 가능성 낮은 일반직 공무원시험에 '올인'하지 말자. 고등학교 졸업과 동시에 부사관에 도전해보자. 그리고 거기서 자신의 꿈을 향해 도전하자.

물론 대개는 고등학교를 졸업하는 시점에 명확한 꿈 자체가 없을 것이다. 그렇기 때문에 더더욱 부사관을 추천한다. 어차피 군대는 다녀와야 한다. 그 기간 동안 자신의 꿈, 목표를 만날 수 있다. 나도 그

랬고, 대학 교수가 된 나의 선배도 그랬다. 군에 입대할 때 명확한 꿈이 있었던 것은 아니다. 다만 공부하고 싶은 열정이 있었을 뿐이다.

그렇게 군생활을 하는 동안 꿈과 목표를 만났다. 목표를 세우고 열심히 달려보니, 군인이라는 신분은 아무런 제약이 없었다. 오히려 군인으로서 경험한 많은 사례가 도움 되었다. 군복무 중에 경험한 수많은 일은 나만의 탁월한 재산이 되었다. 그 경험을 잘 활용한다면 사회의 어떤 직장에서든 성공할 수 있다. 내 가슴에 잠들어 있는 꿈을 발견하고, 그 꿈을 깨울 수 있는 곳이 바로 군대다.

사춘기를 보내고 고등학교를 졸업할 때까지, 진정한 나 자신을 들여다볼 시간이 없었을 것이다. 그냥 학교라는 틀, 가정이라는 틀 안에서 정해준 스케줄대로 시간을 보냈을 것이다. 군대에서 이제 당당히 자신을 돌아보는 시간을 가져보자. 4년이라는 시간 동안 내 안에 숨어 있는 꿈을 발견하고 싶다면 도전하라, 부사관으로! 그 꿈을 군대가 이루어줄 것이다.

Question Thinking

1. 나의 꿈, 목표는 무엇인가?
2. 인생에서 만나고 싶은 선배는 어떤 사람인가?

전역하면 더 좋은 직장이 기다린다

바야흐로 100세 시대, 은퇴 이후의 노후생활이 중요한 이슈로 떠오른 지 오래다. 그래서 연금으로 안정적인 노후생활을 보장하는 공무원을 선호할 터! 이러한 측면에서 나는 단연코 직업군인이 최고라고 생각한다.

세월이 흐르면서 이제는 첫 번째 인생이 먹고사는 문제를 해결할 직장생활이라면 두 번째 인생은 본인이 좋아하는 일을 어떻게 할 것인가 하는 것이다. 정년의 개념이 사라지고 평생직장이라는 말도 사라졌다. 이제는 본인 스스로 결정해야 하는 시대다.

《과정의 발견》이라는 책에서는 하나의 직업에 전성기 그래프는 21년 주기를 가진다고 말한다. 7년을 서서히 올라가고 7년을 유지하고 7년을 서서히 내려간다. 하나의 재능은 21년간 '생성 - 유지 - 퇴화'의 3단계를 거친다. 여기서 중요한 것은 마지막 내려가는 7년이다. 즉, 퇴화기에 새로운 일을 준비해야 한다는 것이다. 4차 산업혁명의 시대에 접어들면서 그 주기는 훨씬 더 짧아질 것으로 예상된다.

아직까지 일반직 공무원, 직업군인의 경우는 정년을 보장한다. 나는 정년 5년 전부터 새로운 일을 준비하라고 말한다. 어쩌면 군인연금을 믿고 아무런 준비 없이 가장 소중한 시간을 낭비할 수 있다. 고참이라는 위치에서 그냥 후배들을 감독하면서 적당히 시간을 흘려버리지 말기를 바란다. 군인이 아닌, 사회인으로서 내가 어떤 사람이라고 증명할 가장 소중한 시간이다. 이 시간을 적극적으로 준비한 사람들은 결코 사회가 두렵지 않다.

30년 가까이 한 직장에 근무한 것은 장점이자 단점이 될 수 있다. 특정직 공무원인 직업군인으로서 영원히 '갑'의 위치에서 살았기 때문에 '을' 입장으로 되는 것이 결코 쉽지 않을 것이다. 모든 기득권을 한순간에 포기한다는 게 어찌 쉽겠는가? 하지만 군생활을 하는 동안 자신의 분야에서 전문가로 열심히 활동한 사람들에게는 오히려 퇴직 이후가 훨씬 더 즐겁게 기다려진다.

진해에서 전역을 앞둔 준사관 선배와 저녁을 함께했다. 그는 너무 일찍 자녀들 모두 대학 졸업을 시켰다고 후회했다.

"선배님, 퇴직 전에 아이들 모두 대학 졸업했으면 성공한 거죠. 왜 후회가 됩니까?"

"나도 그렇게 생각했지. 그런데 퇴직하고 새로운 직장으로 옮기는데 그곳에서 대학까지 학자금 지원을 다 해준다지 뭐야."

그제야 이해가 되었다. 군에서는 자녀들 대학 학자금은 무이자로 대부해주기 때문에 결국은 다 갚아야 할 빚이다. 그렇게 힘들게 자녀들 대학을 보냈는데, 새로운 직장에서 대학 학자금을 지원해준다고 하니 조금은 허탈했을 것이다. 그래도 군에서 퇴직하고 그런 직장에서 다시 일을 할 수 있다는 것만으로 얼마나 좋으냐고 위로 아닌 위로를 했다.

기술 부사관으로 근무한 경우는 5년 전부터 열심히 준비하면 퇴직 후 새로운 일을 찾는 것은 어렵지 않다. 일반 회사는 정년퇴직까지 근무하는 것도 어려운데, 군인들은 퇴직 이후에도 본인들이 원하는 분야에서 일할 기회가 많다.

미국 유학 중 함께한 동료들

대전에 근무할 때, 예비역 선배 세 분을 채용해서 함께 근무했다. 전산 업무로 전문성이 필요한 분야였다. 그분들은 퇴직 전 오랫동안 해왔던 일이라 큰 어려움 없이 채용되었다. 예비역 신분으로 새롭게 5년간 근무할 수 있으니 이 얼마나 좋은가? 현역 시절처럼 스트레스도 없이 딱 주어진 업무만 하면 되기 때문에 정말 최고의 직장인 것이다. 군인연금도 받으면서 일도 하니, 오히려 현역 시절보다 더 여유롭게 생활할 수 있다. 지금 군대는 미군 시스템을 많이 따라간다. 은퇴 이후 새롭게 부대에 근무할 자리가 점점 늘어가는 추세다.

진정한 행복은 현역 시절이 아닌, 은퇴 이후에 결정된다. 이를 염두에 둘 때 가장 행복한 직장은 직업군인이다. 그 이유는 세 가지다.

첫째, 퇴직과 동시에 군인연금이 지급된다.

은퇴가 두려운 가장 큰 이유는 소득 단절이다. 하지만 군인은 은퇴와 동시에 바로 군인연금이 지급되기 때문에 경제적인 문제가 해결된다. 60세에 퇴직하는 일반직 공무원은 65세까지 기다려야 공무원연금을 지급받는다.

둘째, 설레는 마음으로 새로운 직장을 만난다.

본인의 자아실현을 위한 새로운 일이 본인을 기다린다. 그동안은 먹고살기 위해서 일했다면 퇴직 이후에는 자신이 좋아하는 일을 마음껏 할 수 있다. 더 이상 눈치 볼 일 없이 자신이 원하는 일을 할 수 있는 행복한 일자리가 기다린다.

셋째, 새로운 인생을 시작한다.

누구는 그토록 꿈꾸던 전원생활을 시작한다. 퇴직 전 준비한 귀농으로 하루가 어떻게 지나는지 모르게 행복한 시간을 보낸다. 계절이 바뀌면 직접 재배한 각종 농산물을 좋아하는 사람들에게 듬뿍듬뿍 보낸다. 한적한 교외로 이주한 한 선배는 그냥 하루 종일 독서로 시간을 보내더니, 최근 학교 보안관으로 오전만 근무한다. 모든 게 행복한 새 인생의 시작이다.

이런 모든 여유가 직업군인으로서 정년퇴직한 이후에 찾아온다. 퇴직하고 새로운 삶의 여유를 가질 직장이 과연 얼마나 될까? 원하면 얼마든지 전문가로 대우받으며 일할 수 있고, 본인의 자아실현을 위해서 전혀 새로운 일에 도전해도 부담 없는 직업군인! 이것이 미래형 직업이 아닐까 싶다.

과거의 힘들었던 군대는 이제 역사 속으로 사라졌다. 지금 군은 첨단과학화로 끊임없이 변모하고 있다. 그 군대 내 직업군인으로 입문하면 퇴직 이후까지 행복할 것이다.

Question Thinking ————————————————————

1. 행복한 직장의 조건은 무엇인가?
2. 퇴직 이후 내가 꿈꾸는 인생은 무엇인가?

퇴직 후 행복한 100세 인생을 보장한다

2016년, 한국인의 평균수명은 82.4세였다. 과거와는 상상도 안 될 정도로 인간의 기대수명이 늘었다. 지금은 당연히 100세 시대라고 말한다. 작년 유행했던 이애란의 '백세인생' 노랫말이 그것을 잘 말해준다.

육십 세에 저세상에서 날 데리러 오거든 아직은 젊어서 못 간다고 전해라.

칠십 세에 저세상에서 날 데리러 오거든 할 일이 아직 남아 못 간다고 전해라.

팔십 세에 저세상에서 날 데리러 오거든 아직은 쓸 만해서 못 간다고 전해라.

구십 세에 저세상에서 날 데리러 오거든 알아서 갈 테니 재촉 말라 전해라.

백 세에 저세상에서 날 데리러 오거든 좋은 날 좋은 시에 간다고 전해라.

정말 100세가 되어서 좋은 날 좋은 시에 가려면 어떻게 해야 할까? 평균 60세에 정년퇴직을 한다고 해도 40년이라는 긴 시간이 남는다.

직업군인들의 경우, 55세 정년퇴직을 하면 좀 더 빠르게 100세 인생을 준비해야 한다. 통상 퇴직하고 5년 정도 더 일하면서 60세부터 본격적인 은퇴생활에 들어간다.

퇴직한 사람들이 꿈꾸는 100세 인생이란 무엇일까? 대부분 공기좋은 곳에 전원주택을 짓고 살면서 가끔 손주들이 찾아오는 그런 생활을 한다. 하지만 어디 그게 쉬운 일인가? 더욱이 그렇게 시작했다가 실패하고 돌아오는 길은 더 힘들다고 한다. 모든 것은 철저한 준비가 필요하다. 이에 관한 적절한 사례를 한번 소개해볼까 한다.

L 선배가 있다. 그는 27년간 보아온 선배로서 나에게는 가족 이상의 존재이다. 군생활을 하는 동안 형수의 건강이 안 좋아서 늘 병원에 다니느라 힘들어했다. 전역한 지금은 형수도 훨씬 더 건강해 보인다.

선배는 서울에서 정년퇴직하고 전국을 돌면서 정착할 곳을 물색하다가 전라북도 익산으로 내려가 정착했다. 평소 몸이 안 좋은 형수를 위해 귀농주택을 택했는데, 결정하는 데에는 몇 가지 조건이 있었다. 첫째는 황토방이 있을 것, 둘째는 태양열 시설을 갖추었을 것, 셋째는 친환경의 주택일 것, 넷째는 적당한 텃밭이 있을 것, 다섯째는 교통이 편리할 것 등이었다.

그런데 정말 그런 조건에 딱 맞는 집을 발견했다. 친환경 흑벽돌에 황토방이 별도로 있고, 태양열 시설도 보급형보다 커서 한여름에 아무리 에어컨을 사용해도 전기요금 걱정할 필요 없을 그런 집이었다. 교통도 익산에서 KTX 이용이 가능하고, 승용차로 고속도로 진입 또한 용이했다. 그 집은 한마디로 넓은 단독 펜션이나 다름없었다. 앞마당에서 숯불로 가든파티를 하고 필요한 야채는 바로 텃밭에서 채취가 가능했다. 평소 부부가 좋아하는 탁구대도 뒤편 창고에 마련되어 있었다.

선배 내외는 그 집으로 이사했다. 평소 군생활을 하면서 참으로 알뜰하게 저축해서 집을 장만했을 터! 선배에게 저축 비결을 물어보니 군인만 가입이 가능한 군인공제회 저축이 큰 힘이 되었다고 했다. 20년 넘게 곁에서 지켜본 선배는 지금 그간 그토록 원하던 행복한 인생을 만끽하고 있다.

두 번째로 소개할 인물은 K 선배다. 그는 선비이자 학자 같은 성격의 소유자였다. 전역하는 그날까지 자신의 업무에 최선을 다하시던 모습이 지금도 눈에 선하다. 그는 전역하고 정말 아무것도 안 하고 푹 쉬었다. 그러다 어느 날 갑자기 시골로 귀촌을 결정했다. 사람들은 누구나 귀소 본능이 있는가 보다. 농촌 출신인 사람들은 도시보다 농촌에 정착하고 싶어 한다. 선배도 경상남도 사천의 한적한 시골의 전원주택을 구입해서 이사했다. 원래 부지런하고 잔재주가 많은지라 동네의 고장 난 농기구는 다 고쳐주면서 나름대로 잘 정착했다. 선배는 그 마을 사람들 중 가장 젊은 사람으로서 한가로운 인생을 영위하고 있다.

군에서 정년퇴직한 사람들이 귀농에 성공하기만 하면 아주 여유롭게 살 수 있다. 도시에 비해서 생활비가 훨씬 적게 들기 때문이다. 도시생활은 기본 생활비라는 것이 있다. 아파트관리비, 난방비, 대중교통비, 외식비 등 농촌생활에서는 거의 불필요한 비용이다. 건강만 잘 유지하면 군인연금만 가지고도 생활하는 데 아무런 문제가 없다.

직업군인으로 살다가 퇴직해서 귀농 쪽으로 잘 준비한다면 또 다른 멋진 인생을 만들 수 있다. 100세 인생을 현실화하는 데에서 가장 중요한 것은 바로 경제력이다. 하지만 안타깝게도 많은 이가 노후 준비를 제대로 못하고 있는 실정이다. 대부분 자녀들 뒷바라지에 허덕이다가 그렇게 대책 없이 노후를 맞이한다.

이런 점에서 직업군인의 장점이 빛을 발한다. 직업군인들은 군인연금으로 행복한 노후를 보내고 있으니까 말이다. 인간의 욕심은 끝이 없다고 하지만, 지나친 욕심을 버리면 누구보다 행복한 노후를 보낼 수 있다.

전역을 앞두고 있는 나 역시 가장 큰 노후 대책은 군인연금이다.

새로운 일을 준비하는 지금도 군인연금은 항상 든든한 버팀목이 되어준다. 일반직 공무원보다, 대기업 퇴직자보다 행복한 100세 인생을 보장하는 것이 바로 군인연금이다. 취업 준비를 위해서 열정을 무던히 소진하는 청년들이 이 사실을 직시했으면 좋겠다. 행복한 100세 인생의 지름길이 직업군인이라는 사실을 말이다. 퇴직 후 아름다운 인생, 행복한 100세 인생을 직업군인으로 꾀해보자.

Question Thinking ——————————————————————

1. 100세 인생, 어떻게 노후 준비를 할 것인가?
2. 행복한 노후를 위해 가장 필요한 것은 무엇인가?

재테크는 군인 전용 상품을 이용하라

직장생활을 하는 모든 사람의 고민 중 하나가 재테크다. 직장을 선택할 때 누구나 한 번쯤은 연봉 협상을 고민했을 것이다. 그 이유는 결국 경제적 문제이다. 퇴직 이후 노후를 생각하면 누구나 재테크에 신경을 쓴다. 새로운 재테크 관련 책이 출간될 때마다 읽어보지만 사실, 남는 게 별로 없다. 금리가 낮아서 모든 금융권을 돌아다녀도 뾰족한 방법이 없다.

그렇다면 과연 직업군인들은 사회 전반의 금융 흐름을 파악하기도 힘든데 재테크는 어떻게 할까?

정부와 금융권에서는 군인 전용 상품을 마련했다. 해당 상품을 판매하는 은행 창구 직원들조차 가입하고 싶다고 부러워하는 상품이다.

현재 시중은행 평균 적금 이율은 약 2% 정도다. KB국민은행에서 시판 중인 KB국군장병우대적금 금리는 5.1%이다. 군복무 기간 동안 목돈을 만들고자 하는 장병에게 적합한 국군장병 전용 적금 상품이다. 오직 군인들만 가입이 가능한 상품이다. 최대 50만 원까지 납입이 가능하기 때문에 초급 간부의 경우는 부모님이 대신 납입해주는 경우도 있다. 일반적으로 이 정도 고금리 금융 상품은 없다. 재테크 하나까지 군인 전용 상품을 만들어준 금융권에 감사할 따름이다.

또 한 가지, 군인들에게는 '군인공제회'라는 특별한 재테크기관이 별도로 있다. 일반인은 가입 자체가 안 된다. 아인슈타인은 인류 역사상 가장 위대한 발견을 '복리의 힘'이라고 했다. 1624년 뉴욕의 맨해튼을 인디언들은 24달러에 미 정부한테 팔았다. 이 금액을 매년 8% 복리로 계산해보면 한화로 약 20경 정도가 된다고 한다. 이 금액이면 맨해튼을 다시 사고 로스앤젤레스를 두 번 더 사고도 남을 돈이라고 한다. 단리로 계산하면 761달러밖에는 안 된다고 한다.

시중에서 이러한 복리 상품을 찾아보기란 쉽지 않다. 그런데 군인공제회는 복리 상품으로 운용된다. 1구좌 5,000원으로 최대 150구좌까지 가입이 가능하다. 군인공제회의 가장 큰 장점은 만기가 없다는 것이다. 군생활을 하면서 적은 금액으로 시작해 지속적으로 늘려갈 수 있다. 정년퇴직까지 잊어버리고 납입하면 퇴직 시 가장 든든한 노후생활 자금이 된다.

시중의 상품은 길어야 보통 3년이다. 그러면 통상 2천만 원 정도의 목돈을 찾게 된다. 자, 여러분이 2천만 원으로 무엇을 할 수 있는지 한번 생각해보라. 가장 먼저 남자들은 자동차를 바꾸고 싶을 것이다. 여성들은 집안 가구 교체 또는 해외여행을 떠나기 딱 좋은 금액이다. 이렇다 보니 적금을 타도 수중에 돈이 남아나질 않는다.

직업군인이 된다면 가장 먼저 군인공제회에 가입하길 바란다. 복리의 힘은 시간과의 싸움이다. 무조건 가입 기간이 길수록 유리하다. 아울러 군인공제회는 회원들에게 다양한 혜택을 제공한다.

첫째, 결혼한 회원들에게 출산 보조금을 지급한다.

둘째, 자녀들이 성인이 되는 날에 성년 축하금 1백만 원을 지급한다.

셋째, 군인공제회에서 분양하는 주택에 특별분양 자격을 부여한다. 직업군인들은 대부분 이것을 통해 내 집 마련에 성공한다. 이것의 매매 차액으로 재테크에 성공한 이들이 많다.

내가 군생활을 하는 동안 가장 부러웠던 이들은 바로 군인공제회 아파트를 분양받아 재테크에 성공한 사람들이다. 그들은 분양 당시에는 별로 주목받지 못하던 성남시 분당, 대전시 둔산, 서울시 연희궁의 아침 등 여러 곳에서 분양을 받았다. 이것이 결국 군생활 최고의 재테크가 되었다. 이것을 분양받은 사람과 분양받지 못한 사람으로 나뉠 정도였다. 지금도 꾸준히 군인공제회에서 회원들에게 특별분양을 배정하고 있다. 안타깝게도 나는 이런 생각을 하지 못했다. 군생활을 돌아볼 때 가장 후회되는 부분이다.

넷째, 군인공제회에서 운영하는 콘도에 정회원 자격을 부여한다.

제주의 샤인빌이 처음 개장했을 때 회원이 아닌 사람들은 이용 자체가 힘들 정도로 비쌌다. 그때 군인공제회의 회원들은 당당하게 가장 먼저 이용할 수 있었다.

다섯째, 기타 회원들의 목돈관리 및 다양한 부가서비스를 제공한다.

직장인 그 누구도 경제적인 문제로부터 자유로울 수 없다. 적은 돈이라도 금리가 높은 곳을 찾아서 발품을 파는 세상이다. 직업군인으로 근무하는 동안 군 전용 상품만 잘 선택해도 노후를 위한 재테크가 가능하다고 본다. 진정한 인생의 행복은 노후에 있다고 한다. 그 핵심은 결국 경제적인 여유일 것이다.

결혼 후 자녀들 양육비가 증가하면서 대학까지 뒷바라지하고 나면 아무런 노후 대책도 마련하지 못했는데 정년퇴직이 다가온다. 곧 다가올 퇴직이 두렵기만 하다. 무엇이 잘못된 것일까? 나만 경제 개념이 부족했던 것일까? 퇴직을 앞둔 사람들은 누구나 비슷한 처지이지 싶다. 직업군인들에게 이럴 경우 큰 위로를 주는 것이 군생활을 하는 동안 잊고 있었던 군인공제회다.

33년 군생활을 한 사람들은 복리의 힘에 따라 평균 1억 원 정도는 적립되어 있다. 따라서 퇴직수당까지 합치면 현금이 2억 원 정도는 된다. 군인공제회에서 분양받은 내 집에, 안정적인 군인연금, 그리고 현금 2억 원 정도라면 충분하지는 않겠지만 크게 불안하지는 않을 것이다.

미래에 직업군인이 될 후배들에게 꼭 추천한다. 최고의 금융 상품

은 복리다. 군인공제회는 전역할 때 받는 최고의 복리 재테크 상품
이다. 시작할 때 너무 무리하지 말고 일단 기본 10만 원으로 시작하
라. 이후 매년 조금씩 구좌 수를 늘려가면 된다. 금융권 상품은 만기
가 짧아서 그런가, 만기만 되면 꼭 목돈 쓸 곳이 생긴다.

다시 한 번 정리해본다. 군인들은 재테크를 위해서 다른 어떤 곳
보다 첫째, 군인공제회를 이용하라. 둘째, 군인 전용 상품에 가입하
라. 셋째, 절대 중도해약을 하지 마라. 이것도 직업군인을 위해 국가
가 제공하는 군인만의 차별화된 혜택이다.

Question Thinking ————————————————————

1. 나만의 재테크 방법은 무엇인가?
2. 정년퇴직 시 나만의 현금 2억 원 만드는 방법은 무엇인가?

전역자 박성민(가명)

Q. 해군 부사관으로 입대하게 된 계기는 무엇인가요?

A. 1970년대 중반쯤이었을 겁니다. 고등학생 때였는데, 인천시 부평의 어느 한 중학교 운동장에 놀러 갔다가 우연히 멋있는 유니폼을 입고 군 계급장을 단 사람을 보았습니다. 너무 멋있어 보여서 다가가 무슨 옷이냐고 물어보았지요. 그는 해군의 정복인 세라복이라고 했습니다. 그때 저도 입대할 때가 되면 해군을 가야겠다고 생각했습니다.

고등학교 졸업 후 서울 대방동 병무청을 찾아가 모집 요강을 확인해보니 해군 부사관(그 당시는 하사관)과 육군 병 등이 있었습니다. 원래부터 해군을 염두에 둔 터였고, 마침 기간도 4년 6개월로 적당한 해군 부사관이 있어 지원했지요.

Q. 전역 후 바로 취업할 수 있었던 비결이 궁금합니다.

A. 장기 직업군인을 염두에 두고 있는 분들께 드리고 싶은 말은, 군생활이 바쁘다는 이유로 허송세월하지 말고 틈틈이 공부하면서 자기계발에 힘써야 한다는 것입니다. 본인의 의지와 노력만 있으면 군생활을 하는 동안 많은 자격증을 확보할 수 있습니다.

우리는 자격증을 진급하기 위한 수단으로만 생각했는데 막상 전역하고 나서는 그것이 취업의 필수조건임을 알았습니다. 그럴 줄 알았다면 좀 더 많은 자격증을 확보할 것을, 하며 뒤늦은 후회를 했지요. 전역 이후 물론 나이는 많지만 100세 시대를 감안한다면 한참 동안은 더 일을 해야만 하니까요.

한 가지 더 필요한 것은 군생활을 하는 동안 모든 사람에 대한 인간관계를 잘 유지하라 말하고 싶습니다. 저는 성격상 대인관계가 그리 좋은 편은 아니었습니다. 그게 좀 아쉽기는 하지만 그래도 빈약한 인맥 중에서도 좋은 관계를 유지해온 지인이 있었고, 그가 전역 후 나를 불러주었습니다. 늘 감사하게 생각하고 있습니다.

요컨대 30여 년의 긴 세월을 군에서 뿌리내리고 지내는 동안 공부와 자격증 취득에도 관심을 가질 것, 그리고 나와 인연이 된 많은 동료와 좋은 인간관계를 유지해야 합니다.

Q. 직업군인을 꿈꾸는 청년들에게 해주고 싶은 이야기는 무엇입니까?

A. 저는 처음에 입대할 당시만 해도 34년이라는 긴 세월 동안 군에서 머물 것이라고는 상상조차 하지 못했습니다. 모집 요강에 적시된 4년 6개월이라는 기간이 부사관으로서 복무하는 데 적당하다고 판단하여 입대했지요. 당연히 4년 6개월 뒤에는 전역할 것으로 생각했습니다. 그런데 만기일이 되기 전에 중사 진급을 하게 되었습니다. 급여가 올라 하사 때보다 여유가 생겼고, 결혼하여 가정도 갖게 되니 전역해야겠다는 생각이 싹 사라졌지요. 결국 그렇게 저의 천직이 되어 끝까지 가게 된 것입니다.

하지만 34년이라는 긴 시간 속에는 수많은 고뇌와 갈등이 있었습니다. 힘들고 어려웠던 수많은 순간이 지금도 주마등처럼 스쳐 지나

사무실 동료들과 산행

갑니다. 솔직히 순간순간 그만두고 싶다는 생각을 참 많이 했던 것 같습니다.

그러한 제 지난날을 돌이켜보면서, 직업군인을 꿈꾸는 젊은이들에게 꼭 한마디 하고 싶습니다. 군은 일반 직장과는 다른 특수한 조직이기 때문에 그리 녹록지 않습니다. 많은 역경과 고통과 어려움이 항상 따릅니다. 일반 직장인이라면 굳이 하지 않아도 될 힘든 일을 해야 하며, 때로는 목숨까지 내놓아야 하는 순간이 닥칠 수도 있습니다. 이를 각오하고 준비해야 합니다.

'위대한 인물은 자기 운명을 탓하지 않는다'는 말이 있습니다. 어떠한 어려움이 닥쳐도 운명은 용감한 나를 사랑할 것이라는 믿음을 가지고 끝까지 갈 것을 권합니다. 직업군인을 꿈꾸었던 많은 젊은이가 나름의 이유로 중도 하차하는 경우가 의외로 많은데, 그 수순을 안 밟기 바랍니다. 어려운 순간을 잘 견디고 이겨내면 직업군인으로서 미래가 행복해질 것입니다.

Q. 부사관으로서 가장 보람 있었던 때는 언제인가요?

A. 해군은 사실상 부사관이 주역입니다. 장교는 주로 기획하는 일을 하지만 부사관은 모든 일에 직접 투입되어 실행하고 관리하고 감독합니다. 해군에서 부사관은 전문성을 지닌 기술 부사관이기 때문에 각자 자기 분야에 적합한 직별을 부여받습니다. 그 영역의 주역으로서 모든 일을 책임지고 관여하다 보니 고충이 이만저만이 아닙니다. 물론 그런 만큼 사명감 제고와 더불어 성취감도 뒤따릅니다.

저의 경우, 전문 교육을 이수하고 실무에 배치되었을 때 제일 먼저 부여받은 임무는 '오일킹'이었습니다. 오일킹의 역할은 함정 운영에 필수 요소인 기름을 수급하고 관리하며, 함정이 한쪽으로 기울어지지 않도록 밸런스를 잡는 것입니다. 이 역할을 하는 사람은 배의 크기와 상관없이 오직 한 척에 한 명뿐입니다.

제가 처음 승선한 배는 해군에서 최고로 큰 전투함정이었는데, 크기만큼이나 기름 또한 매우 많습니다. 그러다 보니 종종 유류 수급 과정에서 기름이 넘치는 실수를 범하여 실내 또는 실외로 기름을 누출시키기도 합니다. 하지만 저는 4년간 오일킹 임무를 하면서 한 번도 기름 유출을 한 적이 없었지요. 제가 없으면 함정 운영이 불가했던 만큼 큰 자부심으로 임무를 수행해왔습니다.

Q. 정년퇴직 후 100세 시대를 준비하는데 군인연금은 어느 정도 도움이 되나요?

A. 부사관의 정년이 55세인데, 요즘 55세면 한참 날고 뛸 나이입니다. 하지만 규정이 그러하니 어찌하겠습니까? 그럼에도 그 젊은 나이에 전역해도 부담 안 되는 것은 군인연금 덕분입니다. 전역 후 다음 달부터 곧바로 연금이 나오니까요.

처음에는 평소 써오던 패턴이 있어 연금만 가지고는 부족하다는 생각이 들 것입니다. 그래서 무엇이든 새로운 직장을 가지려고 여기저기 기웃거리게 마련입니다. 다행이 우리는 기술을 가진 전문가이기 때문에 여기저기 잘만 기웃거리면 몇 년 동안은 일할 자리가 보입니다.

하지만 일을 하지 않고도 좀 부족하게, 편하게 살겠다는 마음을 먹는다면 그 또한 불가능하지 않지요. 생활을 못 할 만큼 적은 액수는 아니니까요. 70세가 넘어가면 연금이 남아돈다는 이야기를 듣기도 합니다. 확실히 군인연금은 직업군인에게 매우 큰 자산이 아닐 수 없습니다.

Q. 군인에게 제공되는 관사의 장점은 무엇인가요?

A. 나이에 관계없이 결혼만 하면 관사를 준다는 것은 매우 큰 장점입니다. 우리가 군생활을 할 당시에는 관사 부족으로 결혼하고도 관사에 들어갈 수 없어 아쉬웠지만 요즘에는 관사가 충분하기 때문에 본인이 원하기만 하면 거의 다 입주할 수 있습니다. 따라서 결혼하고 집 구하는 일에 매달리지 않아도 됩니다. 착실히 저축만 잘한다면 노후 준비를 하는 데 일반 직장인들보다 더 순조로울 것입니다. 단언컨대 관사 입주는 직업군인이 누릴 수 있는 아주 큰 장점입니다.

Q. 일반직 공무원보다 직업군인(부사관)이 좋은 점은 무엇인가요?

A. 알다시피 일반직 공무원이 되기 위해서는 굉장히 치열한 경쟁률을 뚫어야 하기 때문에 어지간히 공부해서는 턱도 없습니다. 그야말로 필사적으로 준비를 해도 될까 말까 하지요. 그러나 직업군인의 경쟁률은 상대적으로 낮기 때문에 조금만 노력하면 누구나 그 문턱

을 넘을 수 있습니다. 무엇보다 연금이 일반직 공무원보다 좀 더 많습니다. 그 외 복지 혜택이나 대우는 일반직 공무원과 다를 바가 없습니다.

Q. 청년 취업률을 높이는 데 부사관이 그 대안이 될 수 있을까요?

A. 언제부터인가, 청년수당이니 실업자훈련수당이니 하는 말이 전혀 생경하지 않게 되었습니다. 그만큼 취업하기가 정말 힘든 요즘입니다. 이러한 가운데 직업군인은 어려운 청년 취업난을 극복하는 데 큰 도움이 될 것입니다. 국가적으로도 취업률을 높이기 위한 대안으로써, 군대의 직업군인(부사관)을 좀 더 많이 충원하는 노력이 필요하다고 생각합니다. 모쪼록 저의 이야기를 계기로 많은 청년이 직업군인을 자신의 진로로 선택했으면 좋겠습니다.

Interview 2

전역자 인터뷰 정성해(가명)

Q. 해군 부사관을 지원한 동기는 무엇인가요?

A. 1970년대는 해외로 진출하기가 굉장히 어려운 시절이었습니다. 그런 때 저는 좀 더 넓은 세상으로 나가고 싶은 마음을 늘 품고 있었습니다. 그러던 차에 해군 부사관이 눈에 들어왔습니다. 해군 부사관의 훈련 강도가 세다고 소문났지만 저는 저 자신을 시험해보면서 좀 더 강한 사람이 되고 싶어 지원했습니다. 물론 병으로 3년 근무할 거, 부사관으로 1년 더 하면서 경제가 어려웠던 그 시절 봉급 받아 저축도 하고 기술도 배우려는 의도 또한 있었습니다.

Q. 군생활 중 부사관으로 근무한 특기가 전역 후 바로 취업하는데 도움되었나요?

A. 일반 직장에 다녔다면 꿈같은 일일 겁니다. 현역 시절에 해오던 일과 연계해서 전역과 동시에 ○○대학에서 교관으로 5년간 근무하고, 바로 다음 직장으로 연계하여 ○○사업 자문위원으로 근무하고 있습니다. 기술 부사관으로 근무하지 않았다면 있을 수 없는 일이라고 생각합니다.

Q. 직업군인을 꿈꾸는 청년들에게 부사관을 추천한다면 그 이유는 무엇입니까?

A. 저는 휴일에 충남의 한 보육원에서 직업 및 생활 상담 자원봉사를 하고 있는데 고등학생들에게 적극 권장하고 있습니다. 실제로 이곳 출신 중 몇 명이 부사관으로 근무하고 있는데 매우 만족하고 있습니다.

부사관의 장점은 세 가지입니다.

첫째, 본인만 성실하면 정년까지 안정적인 생활을 보장해줍니다.

둘째, 중간에 전역하고 싶으면 언제든 가능할뿐더러 10년 중장기 전역자에게도 다양한 복지 혜택과 직업 안내를 해주고 있습니다.

셋째, 본인 의지에 따라 대학, 대학원까지 학업을 보장하며 자기계발을 통한 자존감을 증대할 수 있습니다.

Q. 실업계 고등학교, 전문대학 출신들에게 부사관을 추천한다면 그 이유는?

A. 부사관의 임무는 중간관리자로 총괄 업무와 전문 기술 분야 업무가 대부분입니다. 본인의 노력 여하에 따라 리더십과 전문 기술을 배울 수 있어 본인의 능력을 십분 발휘할 수 있으며 그만큼 성취감을 느낄 수 있습니다.

Q. 전역 후 느끼는 직업군인의 장점은 무엇입니까?

A. 첫째, 전역 후 바로 지급되는 연금 덕분에 100세 시대인 오늘날 경제 문제 해결로 안정적인 노후를 기대할 수 있습니다.

둘째, 한 직장에서 30년 넘게 참고 견디고 인내했다는 마음과 규칙적인 생활로 지금도 어떤 일이든 다 할 수 있다는 자신감이 충만합니다.

셋째, 국가유공자로, 각 기관에서 신뢰 및 유·무형 복지 혜택을 받으며 전역 후에도 국가가 신분을 보장합니다.

Q. 일반직 공무원시험에 매달리는 청년들에게 직업군인을 추천한다면 그 이유는 무엇입니까?

A. 같은 공무원 신분이지만 상대적으로 입문하기 쉽고, 그 안에 들어가면 자신의 능력을 발휘해볼 기회가 많을뿐더러 자기 성취도 또한 높습니다. 정년 때까지 늘 젊은 친구들과 함께할 수 있어서 청춘의 마인드로 건강을 유지할 수 있습니다.

Q. 청년 취업률을 높이는 데, 부사관이 그 대안이 될 수 있을까요?

A. 당연히 청년 실업률을 잡는 대안이 될 수 있습니다. 모병제도에 대한 여론이 있는 마당입니다. 부사관을 점차 늘린다면 취업난 문제를 일정 부분 해결할 수 있을 것입니다.

Q. 군에서 제공하는 1년간의 전직지원제도는 어떤 도움이 되었나요?

A. 너무나 귀중한 시간으로 잘 활용했습니다. 제 인생에서 마음껏 여유를 누리면서 제일 바쁘게 살아본 1년의 전직 준비 기간이었습니다. 대전에서 서울까지 매주 교육을 다니고, 지방 중소도시 현장 체험 등 정신없이 바쁘게 보냈습니다. 그런 탓에 군에서 몸에 밴 수직적 생각이 많이 바뀌고 사회에 대한 적응력을 키울 수 있었습니다.

Q. 군복무 기간은 얼마나 되나요?

A. 해군 부사관으로 정확히 만 33년을 근무했습니다. 제 경험이 부사관을 희망하는 이들에게 꼭 도움이 되길 바랍니다.

대학 교수가 된 전역자 김영민(가명)

Q. 해군 부사관으로 입대하게 된 계기는 무엇인가요?

A. 부친의 사업 실패로 집안이 어려워졌고, 그래서 나름대로 살림살이에 도움이 되고자 실업계 고등학교로 진학했습니다. 졸업한 뒤 동생들 공부하는 데 도움을 주고자 해군 부사관을 지원했고, 1976년 4월 5일에 입대했습니다.

Q. 군생활 중 가장 보람 있었던 일은 무엇인가요?

A. 군생활의 첫 시작부터 마지막 전역 때까지 늘 보람 있었습니다. 해군의 일원으로서 저는 항상 자부심과 긍지를 가지고 살아왔습니다. 그럼에도 특별히 몇 가지를 꼽자면, 첫째, 1군 직별(음탐) 근무

시 여수 앞바다 반잠수정 탐지 수훈 등 다수의 표창을 받았습니다. 둘째, 해군을 통해 많은 경험을 쌓았는데, 특히 원양 실습과 유학을 통해 세상을 직시하는 안목을 기를 수 있었습니다. 셋째, 해군 부사관으로 입대하여 군생활을 하면서 새로운 분야를 공부할 수 있었습니다. 넷째, 주임원사로서 병사들의 병영 상담사 역할 등을 하며 그들과 진심으로 소통할 수 있었습니다.

Q. 전역 후 어떻게 대학 교수가 되었는가요?

A. '인생은 계산이 아니라 모험이다'라는 모토 아래 군생활을 해왔습니다. 위탁생이라는 귀한 선물이 부사관에게도 주어진다는 희망을 가지고 방송대학교를 지원하였으나 두 번 떨어졌습니다. 탈락이유는 고등학교 내신 성적이 좋지 않았기 때문입니다. 그래서 마산고등학교 부설방송고등학교 3년을 다시 공부했습니다.

이후 방송통신대학에서 사회복지학 석사, 이후 김해대학교에서 사회복지 석·박사, 상담학 박사, 신학대학원 석사 등 나 자신의 발전을 위해 노력했습니다. 그렇게 전역 후 해야 할 꿈을 이루면서 32년만에 대학 교수의 길을 걷게 되었습니다.

약 36년간의 군생활이 제1의 인생이었다면, 이제부터는 제2의 인생이라고 생각합니다. 그동안의 군생활을 통해 패기와 용기로 대한민국의 사랑을 받아왔습니다. 이제 그 사랑을 돌려줄 때가 되었습니다. 저의 새로운 인생은 대한민국 미래의 꿈과 희망인 청소년들을 위한 사역일 것입니다. 노력과 열정으로 어려운 생활 속에서도 환경을 탓하지 않고 자신의 꿈을 펼쳐갈 수 있도록 청소년들에게 인성 지도와 강의를 하는 것이 저의 향후 계획입니다.

또한 사회복지 전문가로서 어려운 여건에서 살아가고 있는 분들을 위해 사랑으로 봉사를 실천할 것입니다. 또 사회사업가로서 이 사회를 위해 나의 재능을 모조리 환원하는 데 최선을 다할 것입니다.

Q. 후배들에게 직업군인을 추천하는 이유가 무엇입니까?

A. 지금까지 직업군인으로서 제 성과는 로또복권에 당첨된 것과 다르지 않습니다. 꿈을 펼칠 수 있었고, 안정된 생활을 보장받았고, 학업을 통해 도전의 기회를 잡았고, 결국 전문 분야에서 최고의 리더가 되었기 때문입니다. 참고로, 자신의 노력에 따라 군을 통해 서울대학교에서 위탁으로 공부를 할 수도 있습니다.

Q. 일반직 공무원보다 직업군인이 더 좋다고 생각되는 점은 무엇입니까?

A. 첫째, 직업군인은 특정직 공무원으로서 다양한 직별 분야와 다양한 근무지가 개인 성향에 맞게 구성되어 있는 데 반해, 일반직 공무원은 한 분야에 한정되어 있습니다. 외향적 성향의 에너지가 있는 사람은 앉아서 근무하기가 어렵고 환경에 스트레스를 많이 받을 수 있을 겁니다. 군에서는 특수 분야 혹은 전문성에 맞는 기술 분야의 맞춤형으로 근무할 수 있습니다.

둘째, 일반직 공무원은 진급에 대한 스트레스를 많이 받을 수 있으나, 직업군인은 자기 전문 분야에 따라 진급보다는 전문성에 더 많은 비중을 두기 때문에 스트레스를 덜 받습니다.

셋째, 직업군인은 개인적 전문 분야의 길이 다양하게 열려 있습니다.

넷째, 일반직 공무원 7급 진급 시 최소 10~12년 이상이 소요됩니다. 그러나 직업군인은 6~8년이면 가능합니다(중사에서 상사 진급 시).

다섯째, 청년들이 결혼을 못하는 이유 중 하나는 집 문제 때문입니다. 공무원과 달리 직업군인은 관사를 제공받는데, 이는 일반직 공무원과 비교할 때 가장 좋은 점이라고 할 수 있습니다.

Epilogue

국가로부터 받은 큰 혜택을 조금이나마 사회에 돌려주는 심정으로 이 책을 썼다.

돌이켜보니, 나에게 해군은 한없이 감사한 존재다.

강원도 평창 두메산골에서 고등학교를 졸업하고 방황하던 나를 포근하게 감싸주고 받아준 해군에 감사한다.

처음에 적응하지 못하여 반항하면서 전역하겠노라 몇 번이나 전역지원서를 냈지만 그때마다 매섭게 혼내고 반려해준 해군에 감사한다.

결혼하고 아이들을 키우면서 진짜 군인으로 만들어준 해군에 감사한다.

아마 군인이 되지 않았다면 결혼조차 할 수 없었지 싶다. 직장 문제, 신혼집 문제 등 당시 내 인생의 모든 게 문제였다. 하지만 그 모든 것을 군인 신분이었기에 해결할 수 있었다.

2008년 마지막 계급인 준사관으로 임관하고 나서 나는 생각했다.

'군에서 받은 혜택을 어떻게 사회에 환원할 것인가?'

이런 생각으로 나는 대학원 공부를 시작했다. 그리고 공부를 마친 뒤 사회를 돌아보면서 내가 할 수 있는 일들을 찾아보았다.

주변에 직업군인을 희망하는 사람들에게 자세한 안내를 해주었다. 진로를 결정하지 못하여 방황하는 아이들, 그리고 그러한 자식 문제로 고민하는 부모님들을 상담해서 대학이 아닌 직업군인의 길로 안내했다.

생각보다 많은 사람이 꿈도 목표도 없이 그냥 대학에 진학하는 것을 보았다. 병과학교에서 후배들을 가르치다 보니, 학력이 그야말로 천차만별이었다. 고졸에서 대졸까지 말이다. 하지만 부사관으로 입대하고 나면, 학력에 대한 어떤 차별도 없다. 차이가 있다면 고등학교를 졸업하고 온 친구들이 나이가 어려서 오히려 군생활을 더 오래할 수 있다는 장점뿐이다.

그런 실상을 잘 알기에 나는 고등학교에서 직업군인에 관한 진로 코칭을 부탁하면 휴가를 내서라도 재능기부를 하러 다녔다. 이게 내가 군생활을 하면서 국가로부터 받은 혜택을 조금이나마 사회에 돌려주는 길이라 생각했다.

가끔 "자식이 직업군인이 되겠다고 하는데 어떻게 하면 좋겠냐?"

근속 30주년 기념 촬영

하는 동창들의 상담을 받는다. 그러면 나는 사실 그대로 이야기해
준다.

"국가에 대한 사명감만 있다면 그 어떤 직업보다 혜택이 많고, 노
후 걱정 안 해도 되는 매력적인 직업이다."

현재 전국의 많은 전문대학에 부사관학과들이 생겨나고 있다. 덩
달아 전문 수험서는 물론 전문 학원 또한 급격히 늘고 있다. 그야말
로 직업군인에 대한 인기가 높음을 보여주는 것이리라.

나는 고등학교, 대학교 진로 교사들에게 감히 말한다. 진정한 직
업의 길이 무엇인지, 학생들의 꿈을 찾아서 그들이 원하는 일을 하
도록 지원하는 게 바로 올바른 진로 지도일 것이다.

확실히 지금은 직업군인의 경쟁률도 높아졌다. 하지만 일반직 공

무원 경쟁률에 비하면 여전히 낮은 편이다. 특히나 실업계 졸업생에게는 안성맞춤이다.

정년과 노후가 보장되는 공무원이 되는 가장 빠른 길, 직업군인을 간과하지 말길 바란다. 막연히 공시족으로만 살지 말고 눈을 돌려 직업군인의 세계를 생각해보라. 33년간 경험한 직업군인의 길은 내 인생 최고의 축복이었다. 이제 그 길을 후배들에게 잘 안내해주는 것이 바로 나의 사명이다. 끝으로 거듭 말한다.

"군인은 아무나 될 수 있지만, 직업군인은 아무나 못 된다."

공무원보다 직업군인이 좋은 33가지 이유

초판 1쇄 발행 2017년 8월 11일
초판 4쇄 발행 2022년 3월 25일

지은이 | 김동석
펴낸이 | 전영화
펴낸곳 | 다연
주　소 | (10550) 경기도 고양시 덕양구 삼원로 73 한일윈스타 1422호
전　화 | 070-8700-8767
팩　스 | 031-814-8769
메　일 | dayeonbook@naver.com

본　문 | 미토스
표　지 | 김윤남

ⓒ 김동석

ISBN 979-11-87962-26-7 (03320)

이 도서의 국립중앙도서관 출판예정도서목록(CIP)은
서지정보유통지원시스템 홈페이지(http://seoji.nl.go.kr)와
국가자료공동목록시스템(http://www.nl.go.kr/kolisnet)에서 이용하실 수 있습니다.
(CIP제어번호 : CIP2017018136)